Photoshop per tutti

ELISA ANDREINI

APOGEO

POCKETCOLOR

Photoshop per tutti

Autore: Elisa Andreini

Socio Unico Giangiacomo Feltrinelli Editore srl
Via Andegari 6 – 20121 Milano (Italy)
Telefono: 02-725721 Fax: 02-72572500
Email: apogeo@apogeonline.com
Sito web: www.apogeonline.com

ISBN: 978-88-503-3305-9

Editor: Federica Dardi
Realizzazione editoriale: Edimatica S.r.l.
Copertina e progetto grafico: Enrico Marcandalli

Finito di stampare nel mese di giugno 2019
presso Grafica Veneta S.p.A. – Trebaseleghe (PD)

Indice

Introduzione ..... **vii**

Cosa trovate in questo libro vii

Convenzioni utilizzate viii

Aggiornamenti ix

Ringraziamenti ..... **xi**

Capitolo 1 – Dove mettere le mani **1**

Area di lavoro 2

Pannelli 4

Strumenti 6

Strumenti di selezione 6

Strumenti di ritaglio 10

Strumenti di misurazione 12

Strumenti di ritocco 13

Strumenti di pittura 17

Strumenti di disegno e testo 19

Strumenti di visualizzazione 23

Controlli nella finestra degli strumenti 24

Barra delle opzioni 27

L'area di lavoro predefinita per il fotoritocco 28

Capitolo 2 – Muovere i primi passi **31**

Aprire e chiudere una foto 32

Salvare un'immagine 34

I formati di salvataggio 35

Muoversi all'interno dell'area di lavoro 37

Ridimensionare una foto 39

Cambiare idea 41

Creare una selezione 43
Fare una selezione geometrica 43
Selezionare un oggetto irregolare 45
Creare una selezione complessa 47
Lavorare con i livelli 50
Condividere le foto: esportazioni per il Web e stampa 54

Capitolo 3 – Correggere gli errori di ripresa e composizione 57

Ritagliare un'immagine 58
Raddrizzare l'orizzonte 61
Correggere la prospettiva 65
Eliminare lo sporco e le imperfezioni 68
Ridimensionare un'immagine allargando lo sfondo 71
Rimuovere elementi indesiderati 75
Migliorare la nitidezza 79
Sfocare lo sfondo 83
Creare un semplice fotomontaggio 87
Come estendere la profondità di campo 91

Capitolo 4 – La luce e il colore 95

Se la foto è troppo scura 96
Se la foto è troppo chiara 99
Correggere il bilanciamento 101
Camera Raw 105
Correggere le foto fatte con il flash 108
Ottimizzare il contrasto 111
Dare saturazione ai colori 113
Convertire in bianco e nero 116
Applicare effetti artistici alle fotografie 118
Effetto ritratto desaturato 121
Creare un effetto color splash 124
Effetto vintage 127

Capitolo 5 – Ritoccare i ritratti 131

Tutti al trucco 133
Pelle levigata 135
Sorriso smagliante 140
Sguardo luminoso 141
Curve perfette 145

There are no rules for good photographs,
there are only good photographs.

Ansel Adams

Introduzione

Tutti hanno sentito parlare di Adobe Photoshop: non solo è il programma di fotoritocco più popolare al mondo tra gli addetti ai lavori, ma da anni ha ormai sorpassato i confini del settore.

È addirittura nato il neologismo "photoshoppare" come sinonimo di ritoccare un'immagine. La parola è diffusa al punto da spingere Adobe a vietarne l'utilizzo, per contrastare quella connotazione negativa che l'accompagna e che allude all'alterazione della realtà e alle pubblicità ingannevoli.

Ma Photoshop non è per forza mistificazione della realtà, anzi: è uno strumento imprescindibile e alla portata di tutti per l'ottimizzazione e la valorizzazione delle immagini.

Cosa trovate in questo libro

Photoshop è un programma complesso e ricco di strumenti, ma allo stesso tempo dà a chiunque la possibilità di effettuare in pochi passaggi ritocchi e miglioramenti di grande effetto.

Questo libro cerca di riassumere in poche pagine le principali funzioni del programma, con un linguaggio semplice e adatto a tutti, con l'intento di mostrare come muoversi a chi non ha mai avuto il coraggio di provare.

Nel Capitolo 1 spiegherò dove mettere le mani la prima volta, come si presenta l'area di lavoro del programma, quali sono gli strumenti a disposizione e come usarli.

Nel Capitolo 2 vedremo come muovere i primissimi passi, seguendo le procedure di base che vi serviranno sempre, come aprire e salvare una foto, ma anche creare una selezione e lavorare con i livelli.

Nel Capitolo 3 vengono proposti dei procedimenti per correggere quei banali errori commessi al momento dello scatto, vedremo per esempio come raddrizzare l'orizzonte o rimuovere elementi indesiderati.

Il Capitolo 4 è focalizzato sulla luce e il colore. In questo capitolo imparerete come usare in post-produzione la luce per correggere i difetti di ripresa, ma anche per esaltare il soggetto.

Infine nel Capitolo 5 sono proposti alcuni semplici passaggi per migliorare l'aspetto dei ritratti, con piccole correzioni mirate.

A partire dal Capitolo 2 le spiegazioni sono organizzate sotto forma di tutorial, che vi guidano progressivamente nello svolgimento di alcuni esercizi pratici. Gli esercizi scelti affrontano delle problematiche comuni nel lavoro di fotografi e grafici. L'intento è quello di "sporcarsi le mani" iniziando a usare gli strumenti di Photoshop, suggerendo un metodo di lavoro che una volta imparato possa essere applicato a diverse esigenze. Ogni tutorial spiega le operazioni da eseguire ed è accompagnato da immagini che illustrano l'area di lavoro, i comandi e il loro effetto sull'immagine. Nelle immagini proposte i richiami numerati vi segnalano quali sono gli strumenti da utilizzare. Forse non sempre riuscirete a leggere perfettamente l'interfaccia grafica, quindi vi consiglio di tenere a portata di mano il computer con il programma aperto, in modo da vedere meglio gli strumenti e da iniziare subito a esercitarvi.

Convenzioni utilizzate

Per esigenze di spazio in certi casi non è stato possibile mostrare con completezza la sequenza dei comandi, che per convezione è stata riassunta tramite l'utilizzo del simbolo >. Quando nel testo leggete di selezionare un comando dalla barra dei menu, per esempio "selezionate (oppure fate clic) su Filtro > Sfocatura > Sfocatura diaframma" significa che dovete fare clic sulla voce Filtro nella barra dei menu, quando si apre il relativo menu a comparsa selezionare Sfocatura, quindi quando si apre il menu a comparsa Sfocatura selezionare Sfocatura diaframma.

Nel corso del libro troverete anche note e box.

NOTA

Le note contengono approfondimenti e curiosità relative all'argomento trattato.

I box sono invece approfondimenti di argomenti più ampi che non possono essere trattati in maniera esaustiva nel libro; prendeteli come spunti interessanti da approfondire altrove.

Aggiornamenti

A partire da Photoshop CC non ci saranno nuove versioni del programma, ma gli utenti con abbonamento avranno accesso a tutti gli ultimi aggiornamenti e ai rilasci futuri nel momento stesso in cui saranno disponibili. Adobe prevede di aggiungere nuove funzionalità e aggiornamenti in modo continuativo; le modifiche al software saranno rese disponibili online e potranno essere scaricate collegandosi al sito. La versione utilizzata in questo libro è la più aggiornata a dicembre 2013.

Ringraziamenti

Grazie ad Andrea per il suo costante supporto, a Federica per i consigli, alla mia famiglia e agli amici per l'aiuto e per averci messo la faccia.

Capitolo 1

Dove mettere le mani

- Area di lavoro
- Pannelli
- Strumenti
- Barra delle opzioni
- L’area di lavoro predefinita per il fotoritocco

Avete aperto Photoshop per la prima volta e non avete idea di cosa avete davanti? Passo dopo passo scoprirete che è molto più semplice di quanto pensate.

In questo capitolo vedremo come si presenta l'area di lavoro del programma, quali sono gli strumenti che mette a disposizione e come usarli. La procedura di avvio di Photoshop CC è uguale alla maggior parte delle applicazioni. In ambiente Mac OS è sufficiente fare doppio clic sull'icona del programma all'interno della cartella Applicazioni. In ambiente Windows dovete invece aprire il menu Start, fare clic su Tutti i programmi e selezionare Photoshop CC.

Area di lavoro

Alla sua apertura Photoshop CC si presenta come una schermata scura con una cornice di pulsanti e menu organizzati in pannelli, barre e finestre. Può sembrare complicato, ma in realtà i comandi sono disposti in maniera intuitiva e molti possono essere individuati a colpo d'occhio grazie alle icone. Inoltre per ogni dubbio è sufficiente posizionare il mouse sopra un pulsante e aspettare pochi istanti perché compaia una finestra che indica il nome dello strumento che state toccando.

L'insieme di finestre e pulsanti che si aprono all'avvio è detto *area di lavoro*. Guardando lo schermo da destra in senso antiorario trovate prima i pannelli ancorati, poi in alto la barra dei menu, sotto la quale ci sono la barra dell'applicazione e la barra delle opzioni degli strumenti, al centro dello schermo la finestra del documento e infine la finestra degli strumenti a sinistra.

① Pannelli. I pannelli sono delle finestre tematiche che permettono di visualizzare sotto forma di icone la maggior parte dei comandi contenuti nella barra dei menu e di controllare il lavoro svolto.

② Barra dei menu. Nella barra dei menu si trovano tutti i comandi di Photoshop suddivisi per aree tematiche. Fate clic su una voce per aprire il relativo menu a discesa.

③ Barra delle opzioni. La barra delle opzioni che si trova subito sotto la barra dei menu contiene le opzioni degli strumenti, quindi il suo aspetto cambia a seconda dello strumento attivo.

④ Barra del titolo. Qui visualizzate il nome del file che avete aperto e altre informazioni su di esso.

⑤ Pannello Strumenti. Qui potete trovare le icone di tutti gli strumenti di Photoshop. Consideratelo la vostra cassetta degli attrezzi.

⑥ Finestra del documento. Contiene l'immagine che avete aperto.

⑦ Casella delle informazioni della finestra del documento. Qui potete tenere d'occhio alcuni dati del file e altre opzioni, come il rapporto di zoom e la grandezza in byte dell'immagine, tenendo conto anche di eventuali livelli.

Creative Cloud e Behance

In Photoshop CC trovate nella casella delle informazioni anche due pulsanti per la gestione e la condivisione online del vostro lavoro. Il pulsante **Sincronizzate le impostazioni con Creative Cloud** consente di sincronizzare le preferenze e le impostazioni. Creative Cloud è la nuova modalità di abbonamento per i programmi Adobe. È strutturato come una piattaforma centrale che permette di gestire le applicazioni e il flusso di lavoro tramite cloud computing, grazie alla possibilità di archiviare i file e sincronizzare le preferenze su cloud. Il pulsante **Condividi su Behance** serve invece per condividere l'immagine online. Behance è la famosa community online che ospita i portfolio di fotografi, illustratori e graphic designer di tutto il mondo. Grazie all'integrazione di Creative Cloud con Behance potete pubblicare facilmente un'immagine, ma anche un portfolio personalizzato con il suo URL.

NOTA

L'area di lavoro presenta delle piccolissime differenze tra l'ambiente Mac e l'ambiente Windows. Questo libro è stato scritto usando un Mac, quindi tutti gli screenshot che vedete sono catturati con questo sistema operativo. Nel caso ci fossero delle differenze sostanziali tra i due sistemi operativi verrà indicato caso per caso.

Pannelli

Photoshop dispone di una lunga serie di pannelli (o finestre) che contengono i comandi raggruppati per tipologia di azione. Potete aprire o chiudere un pannello in qualsiasi momento selezionandolo o deselezionandolo dall'elenco a discesa che si apre se fate clic sul menu Finestra. Pur essendo disegnati in maniera differente tra di loro, tutti i pannelli condividono una struttura simile e possono essere spostati allo stesso modo.

① Nella linguetta del pannello potete leggere il nome del pannello e quindi sapere che tipologia di comandi contiene. Se vedete più linguette una accanto all'altra significa che ci sono più pannelli raggruppati. Fate clic sulla linguetta per passare

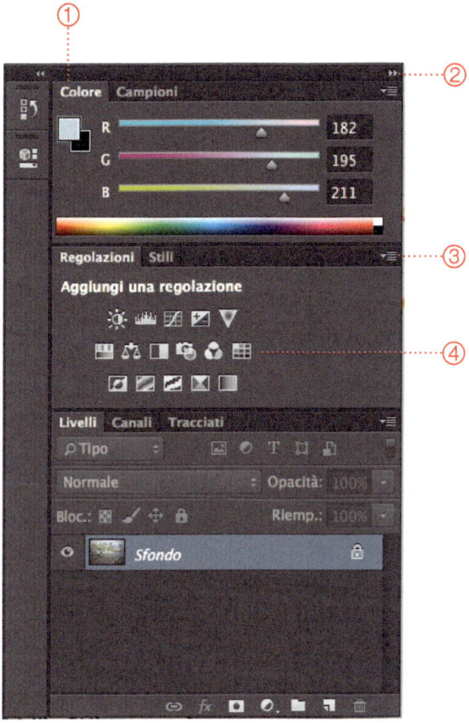

da una scheda all'altra all'interno del pannello. I pannelli predefiniti sono ancorati su due file al lato destro dell'area di lavoro. Se volete rendere mobile un pannello potete semplicemente trascinarlo facendo clic sulla linguetta.

② I pannelli sulla destra sono aperti, mentre quelli che vedete in alto a sinistra sono ridotti a icona. Per ridurre a icona i pannelli, o espanderli se sono chiusi, è sufficiente fare clic sul pulsante **Riduci a icona/Espandi i pannelli**, che è una doppia freccia in alto a destra.

③ Facendo clic sul triangolo in alto a destra appare il menu del pannello dove trovate dei comandi specifici del pannello.

④ Ogni pannello contiene delle opzioni specifiche.

Strumenti

Tra tutti i pannelli quello di cui non potrete mai fare a meno è il pannello Strumenti, la vostra cassetta degli attrezzi!

A volte la parte più difficile è riconoscere i diversi strumenti a disposizione e sapere a cosa servono. In questo paragrafo trovate una breve descrizione che vi aiuterà a imparare a conoscerli e riconoscerli.

Il pannello Strumenti si trova sul lato sinistro dello schermo ed è composto da una lunga sequenza di pulsanti che contengono le icone degli strumenti. Posizionando il puntatore su un'icona compare il nome dello strumento.

All'interno di molti pulsanti trovate più di uno strumento. Gruppi di strumenti con funzionalità affini sono infatti riuniti nella stessa casella. Il piccolo triangolo in basso a destra del pulsante vi segnala che ci sono altri strumenti.

Per visualizzare quelli nascosti è sufficiente fare clic sulla casella e tenere premuto il mouse.

Dopo pochi istanti appare un menu da cui potete scegliere lo strumento desiderato. Per attivare uno strumento è sufficiente fare clic sulla sua icona.

Gli strumenti possono essere suddivisi in gruppi sulla base della tipologia di azione che svolgono sull'immagine: selezione, ritaglio, misurazione, ritocco, pittura, disegno, navigazione.

A seguire vedremo tutti i diversi strumenti suddivisi per comportamento, partendo dallo strumento preimpostato di ogni pulsante per vedere poi gli altri strumenti nascosti.

Strumenti di selezione

Fare una selezione significa isolare una parte dell'immagine per poter limitare l'azione di un comando o di uno strumento a un'area definita (Figura 1.2).

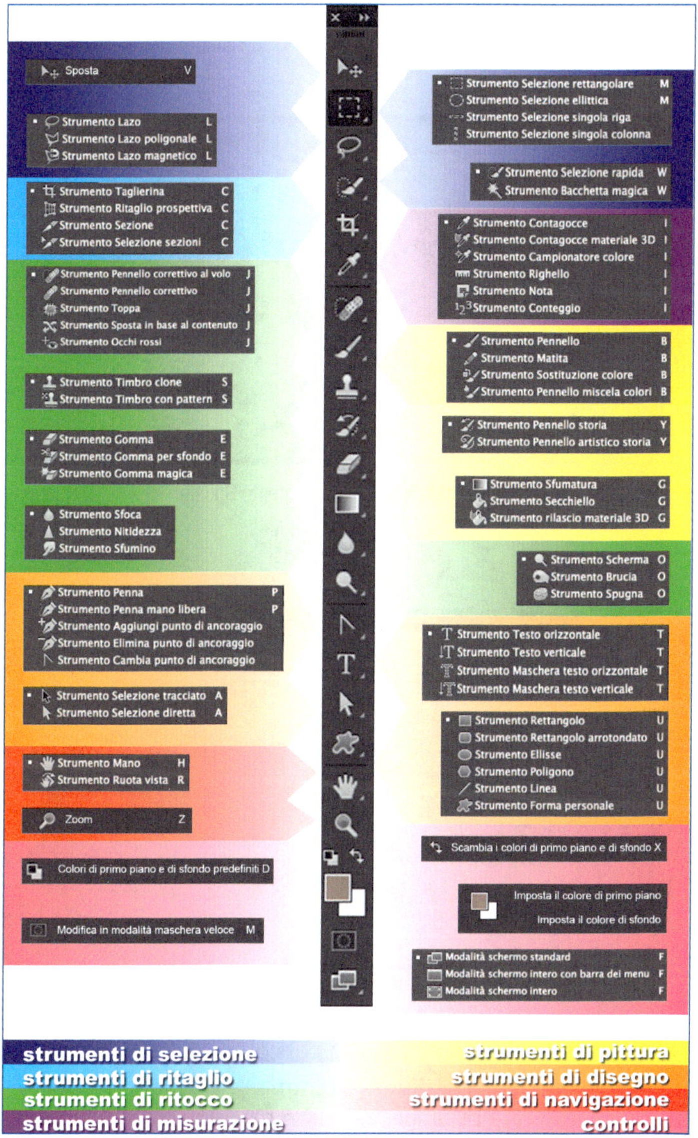

Figura 1.1 Panoramica del pannello Strumenti.

Lo strumento Sposta permette di spostare selezioni, guide e livelli. All'interno di questa casella non ci sono strumenti nascosti.

Figura 1.2 Selezione spostata tramite lo strumento Sposta.

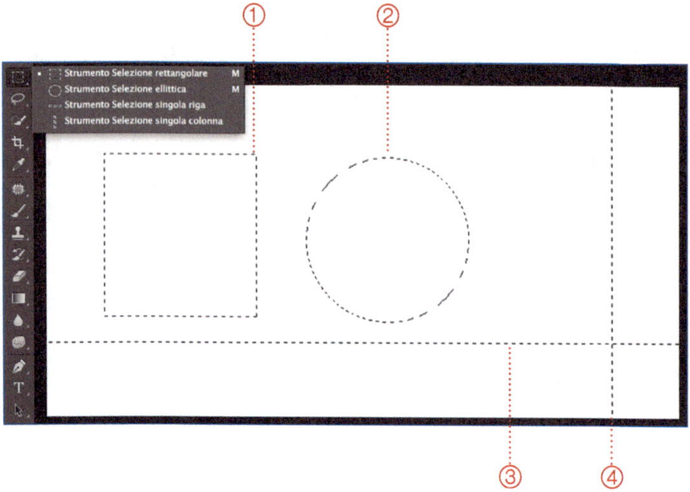

① Lo strumento Selezione rettangolare permette di selezionare una parte rettangolare dell'immagine.

② Lo strumento Selezione ellittica funziona come Selezione rettangolare. L'unica differenza è che trascinando il mouse si crea una selezione di forma ellittica anziché rettangolare.

③ Lo strumento Selezione singola riga seleziona una singola riga orizzontale di pixel.

④ Lo strumento Seleziona singola colonna seleziona una singola colonna verticale di pixel.

① Lo strumento Lazo crea delle selezioni a mano libera.

② Lo strumento Lazo poligonale funziona come Lazo ma crea selezioni dai bordi rettilinei, grazie a dei punti di ancoraggio che voi definite e che il programma unisce con linee rette.

③ Lo strumento Lazo magnetico crea selezioni automatiche: è il programma a fissare i punti automaticamente (come se fossero magnetici) leggendo la differenza di colore o luminosità lungo il bordo.

① Lo strumento Selezione rapida dà la possibilità di dipingere rapidamente una selezione che si espande automaticamente verso l'esterno rilevando e seguendo i bordi nitidi dell'oggetto.

② Lo strumento Bacchetta magica permette di selezionare automaticamente aree di colore simile.

NOTA

Creare una buona selezione è spesso la chiave di un lavoro ben eseguito. Forse le prime volte vi sembrerà difficile ma basta prenderci un po' la mano. Per approfondire questo argomento e capire nel dettaglio come funzionano questi strumenti e in quali casi è meglio usare l'uno o l'altro, leggete il **Capitolo 2**.

Strumenti di ritaglio

Gli strumenti di ritaglio servono a tagliare l'immagine dandole un nuovo formato, mentre gli strumenti di sezione ritagliano sezioni rettangolari utili alla creazione di grafica per il Web.

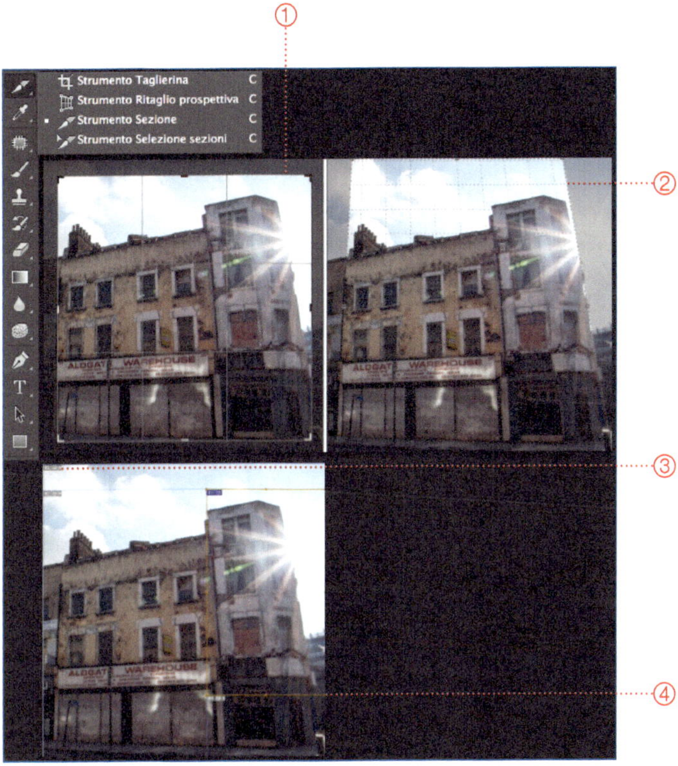

① Lo strumento Taglierina ridefinisce il formato dell'immagine tagliando via le aree esterne al rettangolo di ritaglio.

② Lo strumento Ritaglio prospettiva coniuga la possibilità di ritagliare un'immagine con quella di raddrizzare le linee prospettiche.

③ Lo strumento Sezione suddivide un'immagine singola in immagini più piccole con cui formare una pagina web mediante HTML o CSS.

④ Lo strumento Selezione sezioni serve per selezionare e modificare le sezioni che avete precedentemente creato.

Strumenti di misurazione

Questi strumenti servono per misurare e prendere nota di colori, distanze e oggetti. Sono quindi molto utili per verificare il lavoro in maniera veloce e precisa.

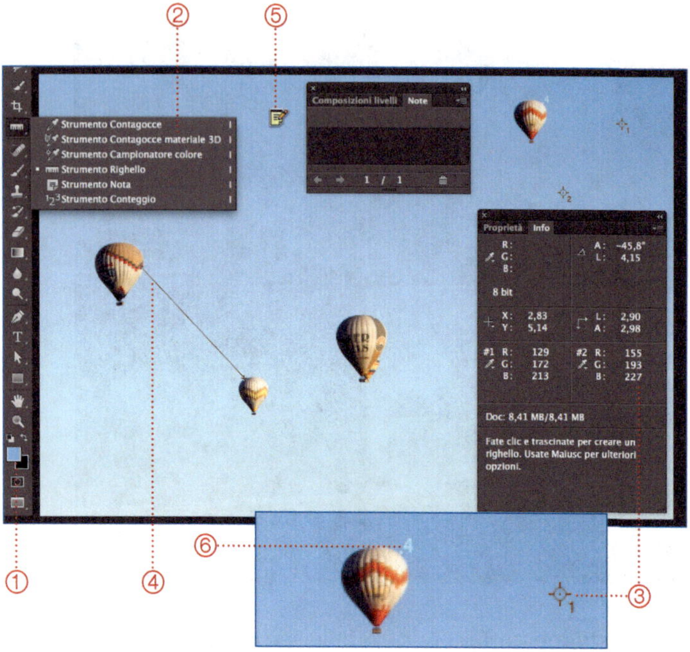

① Lo strumento Contagocce serve a selezionare un dato colore nell'immagine. Quando fate clic il colore del pixel selezionato viene impostato come colore di primo piano e verrà utilizzato da tutti gli strumenti di pittura e scrittura che userete successivamente.

② Lo strumento Contagocce materiale 3D è simile allo strumento precedente ma è specifico per gli oggetti 3D.

③ Lo strumento Campionatore colore funziona come lo strumento Contagocce, ma quando fate clic, invece di impostare il colore, create un punto campione. Tutte le informazioni del pixel sono riportate nel pannello Info. Si possono fissare fino a 4 punti alla volta.

④ Lo strumento Righello permette di rilevare distanze, angoli e posizioni tracciando una linea tra i due punti che si vogliono misurare.

⑤ Lo strumento Nota incolla delle piccole note sull'immagine per scrivere appunti o promemoria.

⑥ Lo strumento Conteggio consente di contare gli oggetti all'interno dell'immagine. A ogni clic il programma aggiunge un numero progressivo accanto all'oggetto selezionato.

Strumenti di ritocco

Questa serie di strumenti permette di correggere o cancellare eventuali imperfezioni dell'immagine. Gli utilizzi che ne potete fare sono infiniti, dalla rimozione di un granello di polvere sull'obiettivo all'attenuazione delle rughe intorno agli occhi, fino allo spostamento di un oggetto da un'area a un'altra. Tutti questi strumenti funzionano come pennelli: il cursore si trasforma in un cerchio che rappresenta la punta del pennello. Tenete premuto il mouse e muovetelo sull'immagine: lo strumento attivo agisce solo sulle aree su cui passate il pennello, permettendovi di fare ritocchi mirati e precisi.

① Lo strumento Pennello correttivo al volo elimina rapidamente le imperfezioni della foto campionando automaticamente l'area attorno al difetto.

② Lo strumento Pennello correttivo, a differenza dello strumento precedente, non agisce in automatico ma siete voi a dover indicare l'area che deve essere campionata. In questo modo avete la possibilità di essere più precisi, soprattutto se siete vicini a un contorno netto. Entrambi i pennelli correttivi tengono conto dell'area circostante la correzione sfumandone le trame.

③ Lo strumento Toppa dà la possibilità di trascinare intere aree dell'immagine verso nuove posizioni per copiarne il contenuto sopra l'area che volete correggere. Permette così di correggere zone ampie della foto con una sola operazione.

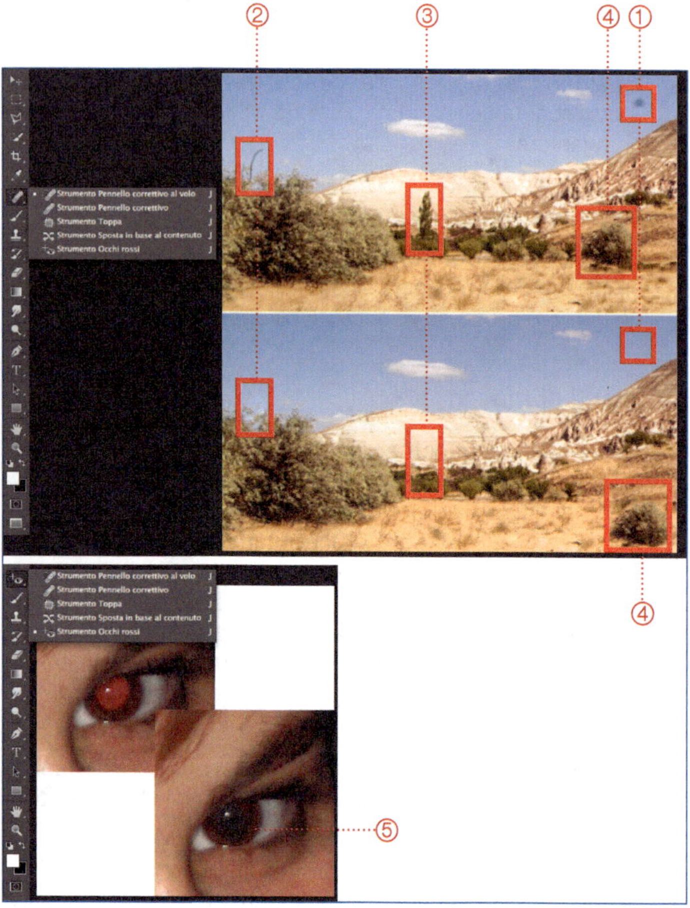

④ Lo strumento **Sposta in base al contenuto** serve per spostare un'area selezionata dell'immagine da una parte all'altra. L'area che rimane vuota viene infatti riempita automaticamente per uniformarla allo spazio circostante.

⑤ Lo strumento **Occhi rossi** rimuove il riflesso rosso causato dall'uso del flash, sostituendo le aree rosse con aree più scure.

① Lo strumento Timbro clone permette di dipingere usando un'altra area dell'immagine come campione. È simile al pennello correttivo ma non crea sfumature con le aree circostanti. Questo significa che richiede tempi più lunghi ma che si evitano sfumature automatiche non desiderate.

② Lo strumento Timbro con pattern permette di dipingere l'immagine con un pattern selezionato dalla barra delle opzioni.

① Lo strumento Gomma cancella i pixel su cui passate il pennello applicando il colore di sfondo.

② Lo strumento Gomma per sfondo cancella i pixel su cui passate il pennello rendendoli trasparenti, rilevando automaticamente i contorni degli oggetti.

③ Lo strumento Gomma magica cancella automaticamente i pixel di aree di colore simili rendendoli trasparenti.

① Lo strumento Sfoca crea un effetto sfocatura attenuando la nitidezza.

② Lo strumento Nitidezza aumenta il contrasto tra i pixel vicini creando in questo modo maggiore nitidezza.

③ Lo strumento Sfumino diffonde il colore tra aree di colore diverso seguendo l'andamento del puntatore (come se passaste un dito sulla vernice fresca).

① Lo strumento Scherma rende più chiara l'immagine.

② Lo strumento Brucia rende più scura l'immagine.

③ Lo strumento Spugna interviene sulla saturazione dei colori.

Strumenti di pittura

Pensate al vostro monitor come se fosse un album da disegno. Gli strumenti di pittura vi consentono di dipingere con il mouse.

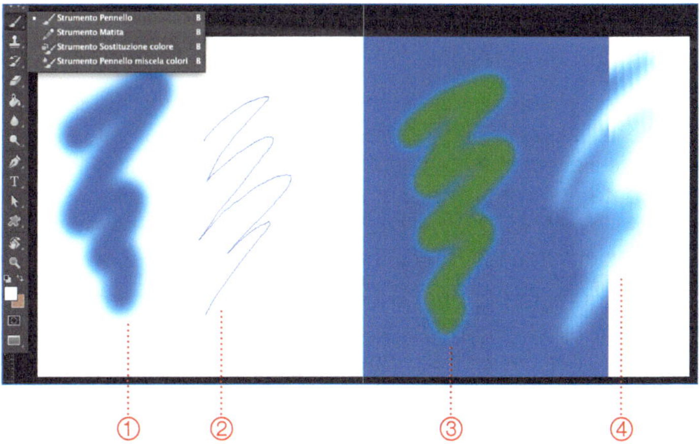

Appartengono a questo gruppo strumenti che simulano pennelli, colori e gomme.

① **Pennello** vi permette di dipingere come se il puntatore fosse la punta di un pennello. Il diametro, la sfumatura e la forma del pennello sono variabili.

② **Matita** disegna linee dai tratti netti.

③ **Sostituzione colore** permette di sostituire il colore su cui passate il puntatore con un altro da voi scelto.

④ **Pennello miscela colori** consente di simulare tecniche pittoriche avanzate miscelando colori vicini tra di loro, come se steste dipingendo un acquarello.

① Lo strumento **Pennello storia** consente di tornare indietro nelle lavorazioni che avete già effettuato. L'area su cui passate il cursore viene ripristinata come in una versione precedente dell'immagine scelta nell'elenco del pannello **Storia**. Nell'esempio il pennello ripristina il colore dell'immagine prima del comando **Bilanciamento colore**.

② Lo strumento **Pennello artistico storia** simula vari stili pittorici, riprendendo una versione precedente dell'immagine scelta nell'elenco del pannello **Storia**. In questo caso, notate come oltre a ripristinare il bilanciamento, il pennello applichi anche un effetto.

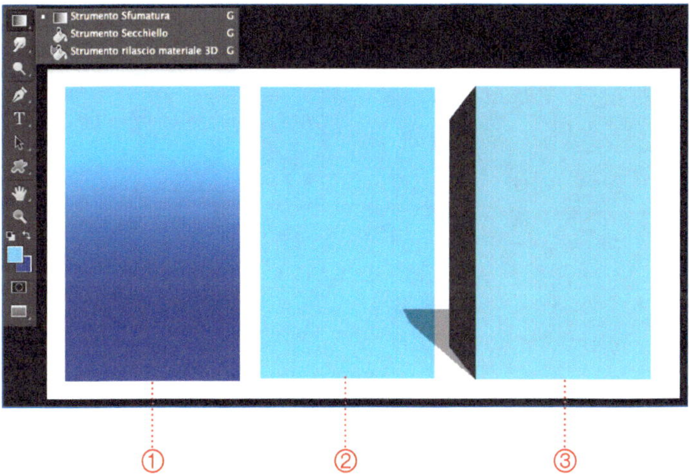

① Lo strumento Sfumatura permette di riempire di colore un'area creando una sfumatura graduale tra due colori selezionati.

② Lo strumento Secchiello permette di riempire un'area di colore uniforme con un colore selezionato a tinta piatta.

③ Lo strumento Rilascio materiale 3D funziona come lo strumento precedente ma viene utilizzato per gli oggetti 3D.

Strumenti di disegno e testo

Questo gruppo di strumenti permette di disegnare tracciati e forme all'interno dell'immagine. A differenza degli strumenti di pittura che simulano la funzione di un pennello sull'immagine, questi strumenti creano delle forme vettoriali, cioè degli oggetti collocati su livelli separati modificabili in qualsiasi momento. In questo modo potete disegnare con notevole precisione.

Per fare un esempio pratico pensate agli strumenti pittura come a quelli che si usano a scuola nell'ora di educazione artistica, mentre quelli di disegno sono per educazione tecnica.

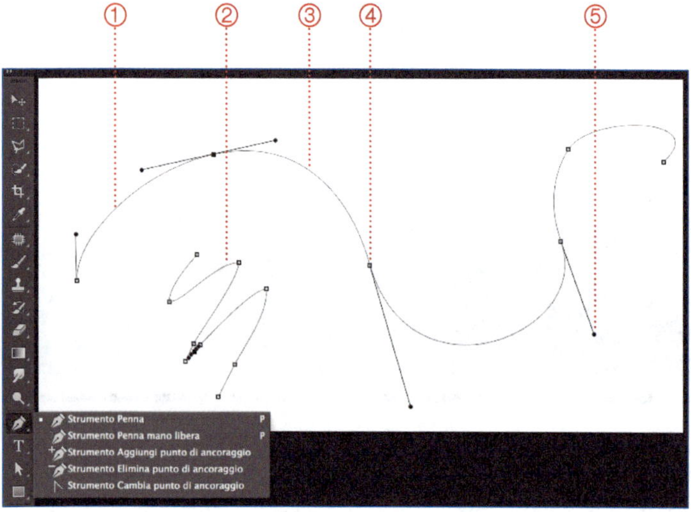

① Lo strumento Penna disegna un tracciato usando punti di ancoraggio, linee di direzione e punti di direzione. Il tracciato così creato è visibile nel pannello Tracciati. Dalla barra delle opzioni si può scegliere se trasformare il tracciato in una forma, una selezione o una maschera.

② Come lo strumento precedente, Penna mano libera crea dei tracciati, ma questi vengono disegnati a mano libera, cioè senza l'ausilio dei punti di ancoraggio.

③ Lo strumento Aggiungi punto di ancoraggio inserisce un punto di ancoraggio all'interno di un tracciato quando fate clic su un segmento del tracciato.

④ Lo strumento Elimina punto di ancoraggio elimina un punto di ancoraggio dal tracciato quando fate clic.

⑤ Lo strumento Cambia punto di ancoraggio permette di modificare le linee e i punti di direzione.

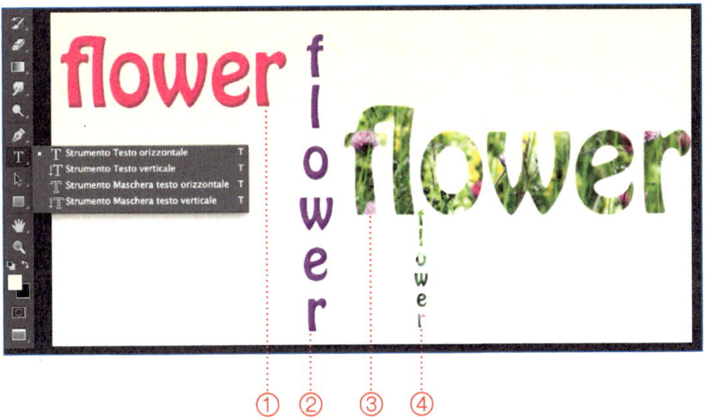

① Lo strumento Testo orizzontale permette di inserire un testo sopra l'immagine in un livello separato.

② Lo strumento Testo verticale è come lo strumento precedente, ma il testo viene disposto in verticale.

③ Con lo strumento Maschera testo orizzontale non si scrive, ma si crea una selezione con la forma del testo.

④ Lo strumento Maschera testo verticale funziona come il precedente ma in verticale.

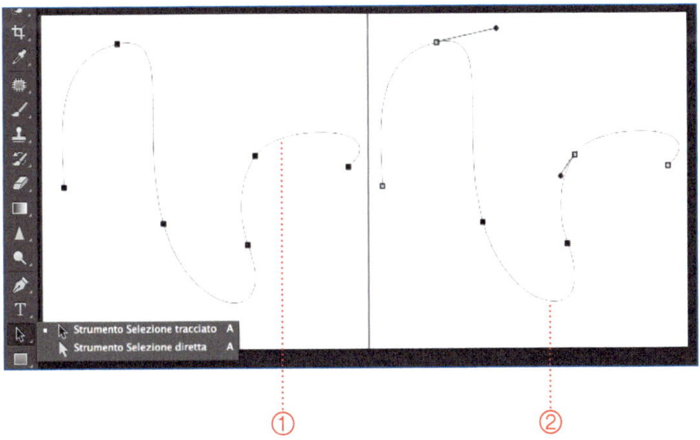

① Lo strumento **Selezione tracciato** serve a selezionare un tracciato o una forma per modificarli o spostarli.

② Lo strumento **Selezione diretta** serve a modificare un tracciato come lo strumento precedente, ma ne può selezionare anche solo un componente o un segmento.

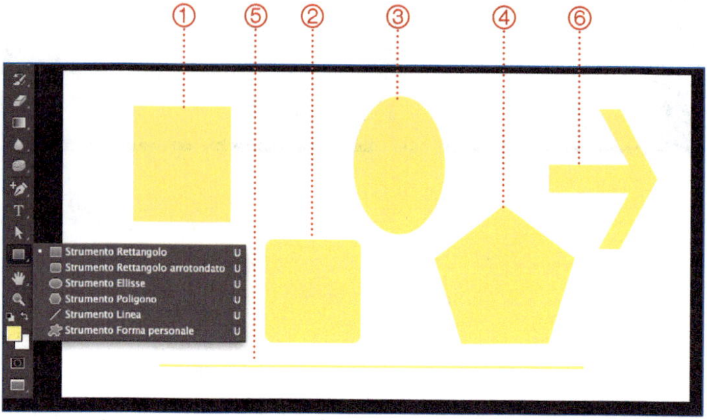

① Lo strumento **Rettangolo** disegna forme rettangolari. Nella barra delle opzioni potete selezionare **Forma**, **Tracciato** o **Pixel** per decidere quale oggetto creare. Le altre opzioni vi permettono di scegliere colore, contorno, dimensioni e così via.

② Lo strumento **Rettangolo arrotondato** agisce come lo strumento precedente ma produce angoli smussati.

③ Lo strumento **Ellisse** consente di disegnare un'ellisse o un cerchio.

④ Lo strumento **Poligono** crea un poligono regolare. L'impostazione predefinita disegna un pentagono, ma sulla barra delle opzioni potete impostare il numero di lati che desiderate inserendolo nella casella **Lati**.

⑤ Lo strumento **Linea** serve a disegnare una linea retta il cui spessore è definito dalla casella **Spessore** nella barra delle opzioni.

⑥ Lo strumento Forma personale crea forme irregolari, quali simboli e pittogrammi, che potete selezionare aprendo il menu Forma nella barra delle opzioni.

NOTA

Si definisce *grafica vettoriale* la tecnica grazie a cui un'immagine viene descritta mediante una serie di espressioni geometriche come punti, linee, poligoni e curve facilmente interpretabili da un computer. La grafica vettoriale è indipendente dalla risoluzione perché è definita attraverso equazioni matematiche e non da pixel.

Strumenti di visualizzazione

Photoshop fornisce alcuni strumenti che servono a modificare la visualizzazione dell'immagine all'interno della finestra del documento, spostandola, ruotandola o ingrandendola. Tutte queste modifiche agiscono solo sulla visualizzazione, senza modificare il file.

① ②

① Lo strumento Mano sposta un'immagine all'interno della finestra del documento. Se tenete premuto il mouse la foto si muove seguendo la direzione del cursore e le barre di scorrimento indicano il movimento all'interno della finestra.

② Lo strumento Ruota vista serve a ruotare il quadro senza modificare l'immagine. Sullo schermo viene visualizzata una bussola che indica la rotazione dell'immagine.

Lo strumento Zoom permette di ingrandire o ridurre la visualizzazione dell'immagine. A ogni clic corrisponde un ingrandimento predefinito, mentre se tenete premuto il tasto Opt (OS X) o Ctrl (Windows) gli corrisponde una riduzione. Se volete ingrandire un'area definita fate clic e trascinate il mouse: il rettangolo di selezione che visualizzate vi indica l'area dell'immagine che sarà ingrandita nel momento in cui rilasciate il mouse, in modo da riempire la finestra del documento.

Figura 1.3 La stessa immagine visualizzata con tre diverse percentuali di zoom.

> NOTA
> La percentuale di zoom rappresenta il rapporto tra i pixel dello schermo e quelli dell'immagine. Se la percentuale è del 100% significa che ogni pixel dell'immagine viene visualizzato da un pixel del monitor. Questa è quindi la percentuale più adeguata per valutare i dettagli con precisione.

Controlli nella finestra degli strumenti

In basso dopo gli strumenti trovate nel pannello una serie di pulsanti di controllo, cioè che non modificano direttamente l'immagine ma consentono di monitorare i colori e di cambiare modalità di lavoro e di visualizzazione dello schermo.

Controlli del colore

I controlli del colore e il relativo Selettore colore consentono di scegliere i colori e di visualizzarli durante il lavoro.

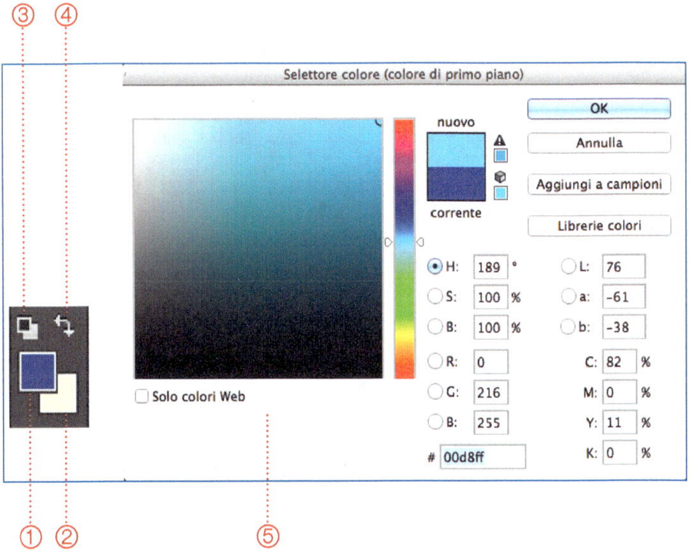

① **Colore di primo piano** è il colore utilizzato dagli strumenti per applicare colori, riempimenti e tracce alle selezioni.

② **Colore di sfondo** viene invece utilizzato per creare sfumature e per riempire le aree vuote dell'immagine.

③ **Colori predefiniti** ripristina i colori di default (il colore di primo piano predefinito è il nero, quello di sfondo è il bianco).

④ **Scambia i colori** inverte i colori di primo piano e di sfondo.

⑤ Per facilitare la scelta del colore questi controlli aprono la finestra di dialogo Selettore colore, in cui potete visualizzare, oltre all'anteprima del colore scelto, anche le componenti del colore nei metodi HSB, RGB e Lab.

Modifica in modalità maschera veloce

La modalità Maschera veloce serve a creare una selezione utilizzando il Pennello invece dei classici strumenti di selezione. Quando fate clic sul pulsante si attiva questa modalità di lavoro. Le aree su cui passate il pennello vengono colorate con un rosso semitrasparente: queste sono le aree selezionate. Facendo di nuovo clic sul pulsante si torna a Modifica in modalità standard e l'area precedentemente selezionata viene delimitata da una linea tratteggiata.

Figura 1.4 Le aree rosse sono state selezionate in modalità Maschera veloce.

Modalità schermo

Quella che si apre di default è la modalità standard di visualizzazione dello schermo. Spesso però può essere utile vedere l'immagine a schermo intero, per guadagnare un po' di spazio ed eliminare elementi che possono distrarre. Per questo motivo esistono altre tre modalità di visualizzazione.

① Modalità schermo standard: finestra del documento con barra dei menu in alto e barre di scorrimento laterali.

② Modalità schermo intero con barra dei menu: finestra del documento a schermo intero con barra dei menu su sfondo grigio scuro, senza barra del titolo né barre di scorrimento.

③ Modalità schermo intero: finestra del documento a schermo intero su sfondo nero, senza barra dei menu né pannelli (particolarmente utile per una valutazione della foto finita).

Le scorciatoie da tastiera

I professionisti di Photoshop riescono a ridurre notevolmente i tempi di lavorazione usando delle scorciatoie da tastiera, cioè delle combinazioni di tasti che premuti assieme richiamano immediatamente un comando senza doverlo andare a cercare all'interno dei menu. Quasi tutti gli strumenti che avete appena visto possono essere richiamati semplicemente premendo una lettera della tastiera. Se la cosa vi incuriosisce e volete scoprire altre scorciatoie sappiate che il programma le indica sia nel pannello **Strumenti** accanto al nome dello strumento sia nei menu che aprite dalla barra dei menu, sempre accanto al nome del comando.

Barra delle opzioni

Le opzioni di tutti gli strumenti sono visualizzate nella barra delle opzioni, che si trova tra la barra dei menu e la finestra del documento. La barra delle opzioni cambia in funzione dello strumento che avete selezionato perché contiene appunto delle opzioni, cioè delle ulteriori possibilità di scelta per rendere lo strumento ancora più preciso e funzionale.

Per molte azioni non è indispensabile tenere d'occhio anche questa barra, ma vi accorgerete presto che al suo interno sono collocati tanti aiuti extra per rendere il vostro lavoro più facile.

L'area di lavoro predefinita per il fotoritocco

La disposizione in pannelli permette di personalizzare l'area di lavoro, rendendo visibili gli elementi che utilizzate più spesso. Quando aprite Photoshop per la prima volta appare un'area di lavoro predefinita che molto probabilmente non soddisferà appieno le vostre esigenze. Esistono però altre aree di lavoro che vi permettono di visualizzare solo i pannelli ritenuti utili per una specifica attività (3D, Movimento, Pittura, Fotografia, Composizione tipografica).

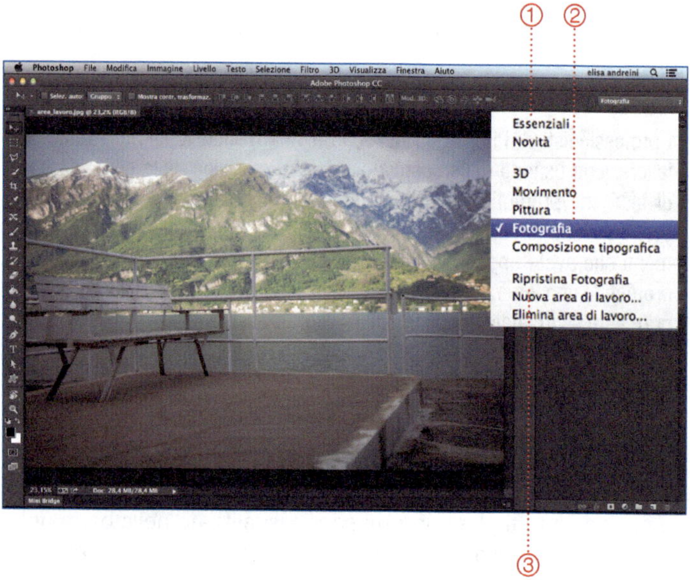

① L'ultimo pulsante a destra nella barra delle opzioni (OS X) o nella barra dell'applicazione (Windows) serve per selezionare una di queste opzioni. L'area di lavoro predefinita è Essenziali. Fate clic sul pulsante e selezionate dal menu a comparsa l'area di lavoro più adatta al compito che dovete svolgere.

② Selezionando la voce Fotografia avete a disposizione un insieme completo di pannelli spesso utili a chi si occupa di fotoritocco. Sulla destra trovate una serie di pannelli ancorati al bordo esterno. Questi pannelli sono raggruppati tra loro per ridurre al minimo lo spazio occupato nell'area di lavoro.

③ Se utilizzate un'area di lavoro predefinita e cambiate la posizione di uno o più pannelli il programma imposta questi cambiamenti come nuovo standard. Per tornare all'area originale dovete selezionare Ripristina Fotografia dal menu a comparsa.

Mini Bridge

Noterete in basso nell'area di lavoro **Fotografia** una nuova barra, detta **Mini Bridge**. **Mini Bridge** vi permette di accedere ad Adobe Bridge senza uscire da Photoshop. Questa funzione è particolarmente comoda per navigare all'interno del vostro computer e selezionare le immagini su cui volete lavorare.

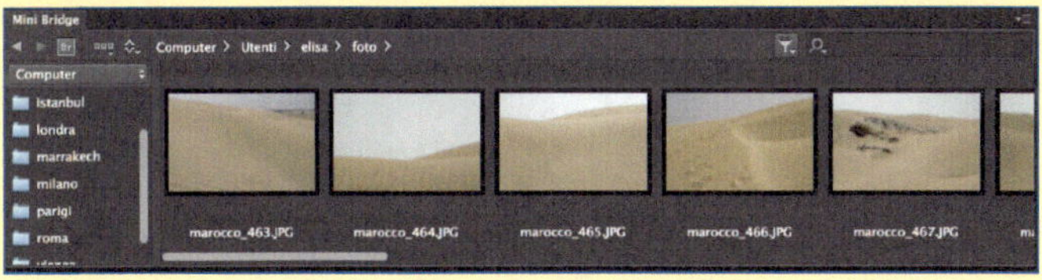

Fate clic sul pulsante a destra della barra per aprire la finestra di **Mini Bridge**. Nella parte di sinistra c'è un pannello di navigazione che permette di accedere alle risorse archiviate sul computer. Fate clic su una cartella per visualizzare le immagini. Di default **Mini Bridge** si apre in modalità filmstrip. Per vedere le miniature più grandi trascinate verso l'alto la linguetta del pannello.

Selezionate una miniatura e premete la barra spaziatrice per avere un'anteprima rapida a schermo pieno. Premendo i tasti ← e → potete muovervi tra le immagini. In questa modalità potete classificare le immagini con un punteggio da 1 a 5 stelle, rifiutarle o assegnare delle etichette.

Facendo clic sull'immagine potete controllare la qualità di un singolo dettaglio al 100%. Se vi spostate tra le immagini premendo i tasti ← e → l'ingrandimento rimane attivato. Questo permette per esempio di verificare facilmente quale tra diverse foto con la stessa inquadratura ha la migliore messa a fuoco in un punto definito. Fate di nuovo clic per tornare a visualizzare l'immagine a schermo intero.

Per tornare alla modalità di visualizzazione standard premete di nuovo la barra spaziatrice. Le classificazioni impostate precedentemente vi consentono di filtrare le immagini all'interno della cartella e ritrovare velocemente quello che vi serve.

Quando avrete scelto l'immagine che volete aprire, fate doppio clic, e questa verrà immediatamente aperta in Photoshop.

Capitolo 2

Muovere i primi passi

- Aprire e chiudere una foto
- Salvare un'immagine
- I formati di salvataggio
- Muoversi all'interno dell'area di lavoro
- Ridimensionare una foto
- Cambiare idea
- Creare una selezione
- Lavorare con i livelli
- Condividere le foto: esportazioni per il Web e stampa

Dopo aver visto quali sono gli strumenti di Photoshop e aver impostato un'area di lavoro completa per il ritocco, siete pronti per aprire le vostre fotografie. Prima di procedere con le lavorazioni vere e proprie ci sono però delle procedure di base che vi serviranno sempre. In questo capitolo vedremo come muovere i primi passi per rendere le foto ancora più belle.

Aprire e chiudere una foto

Aprire e chiudere un documento in Photoshop è un'operazione simile in tutto e per tutto all'apertura di un file in una qualsiasi applicazione, ma vediamo tutta la procedura per prendere confidenza con le finestre di dialogo e le varie opzioni.

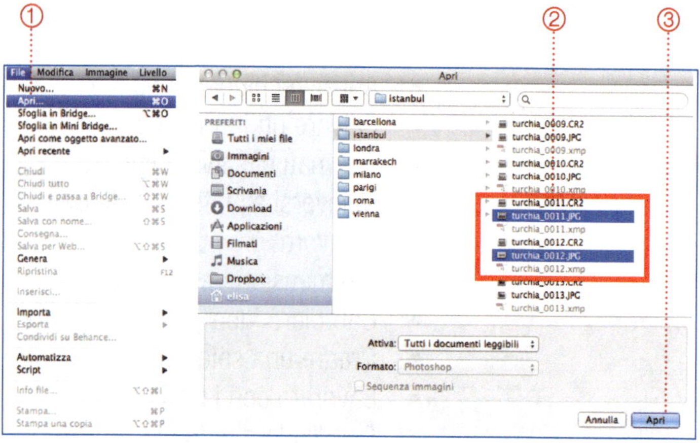

① Per aprire una nuova foto fate clic sul menu **File** > **Apri**.

② Quando si apre la finestra di dialogo scegliete nel vostro computer una o più immagini che volete elaborare in Photoshop. Per selezionarle fate clic tenendo premuto il tasto Cmd (OS X) o Ctrl (Windows).

③ Fate clic su **Apri**. Il programma apre la finestra del documento che contiene l'immagine selezionata.

Quando si chiude la finestra di dialogo bastano pochi istanti perché l'immagine si apra al centro dell'area di lavoro, all'interno della finestra del documento.

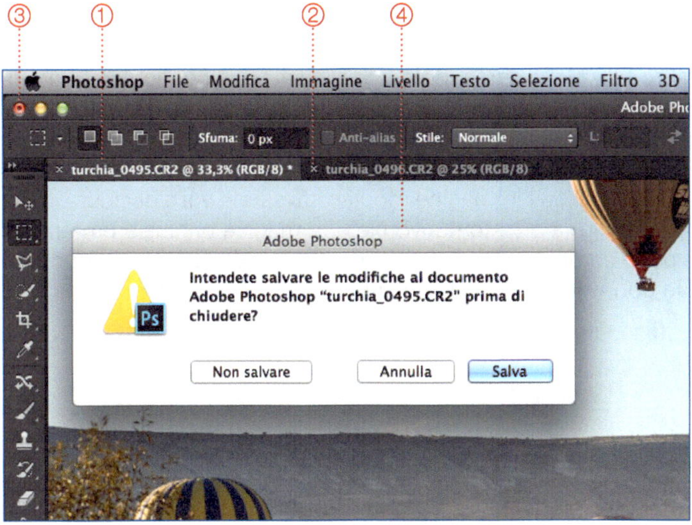

① Quando sono aperti più file, le finestre documento sono presentate sotto forma di schede. All'interno della barra del titolo trovate le varie schede dove è riportato il nome del file aperto e altre informazioni sull'immagine. Potete passare da un'immagine all'altra semplicemente facendo clic sulla scheda.

② Per chiudere un'immagine selezionate File > Chiudi nella barra dei menu oppure chiudete la scheda facendo clic sulla piccola croce a sinistra del titolo. In entrambi i casi l'immagine attiva si chiude mentre le altre rimangono aperte.

③ Se invece fate clic sul pulsante rosso della finestra in alto a sinistra (OS X) o sulla X in alto a destra (Windows) si chiudono tutte le immagini e la finestra del programma.

④ Nei due casi precedenti, se non avete apportato alcun cambiamento con Photoshop, la fotografia si chiude immediatamente. In caso contrario si apre una finestra di dialogo che vi chiede se volete salvare il documento prima di chiuderlo.

Salvare un'immagine

Se apportate delle modifiche a un'immagine dovete salvare il file prima di chiuderlo per memorizzare il lavoro fatto.

Potete usare il comando **Salva** per salvare le modifiche nel file corrente oppure il comando **Salva con nome** per salvarle in un altro file. Nella prima ipotesi le modifiche vengono scritte sopra il file di partenza; questo significa che perderete la possibilità di recuperare la foto nel suo stato originale una volta che avrete chiuso l'immagine. Nella seconda ipotesi viene invece creato un nuovo file con l'immagine modificata: sarete voi a decidere quale nome dare a questo nuovo file. L'immagine originale rimarrà nel vostro computer con il suo nome. Se selezionate il comando **Salva con nome** si apre la finestra di dialogo omonima.

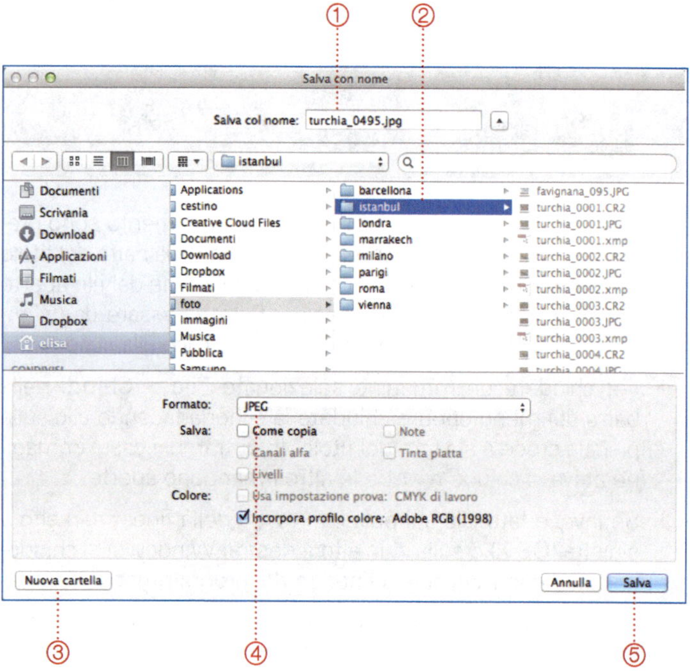

① Digitate il nuovo nome che volete assegnare al file nella casella Salva con nome.

② Scegliete la posizione esatta in cui volete memorizzare la foto all'interno del vostro computer. Il programma apre la cartella da cui proviene l'immagine per impostazione predefinita, ma potete muovervi facilmente all'interno del disco rigido grazie al browser.

③ Se volete memorizzarla in nuova cartella fate clic su Nuova cartella.

④ Scegliete il formato del file nel menu a discesa Formato.

⑤ Fate clic su Salva. Nel caso doveste inserire un nome già esistente all'interno della stessa cartella, una finestra vi avvertirà dandovi due possibilità: scegliete Annulla per tornare alla finestra di dialogo e scegliere un nuovo nome o una nuova posizione, oppure scegliete Sostituisci per sovrascrivere il vecchio con il nuovo.

Durante qualsiasi lavoro è importante ricordarsi di salvare spesso il file che state elaborando, per evitare che un calo di corrente o un crash del computer vi faccia perdere il lavoro fatto. A partire dalla versione CS6 Photoshop prevede un'opzione per il salvataggio automatico a intervalli regolari, ma se lo fate da soli non correte rischi.

NOTA

La prima volta che salvate un file, dopo la finestra di dialogo **Salva con nome** ne compare un'altra con le opzioni di formato, quindi questa finestra sarà diversa a seconda del formato in cui decidete di salvare l'immagine. Controllate le opzioni prima di fare clic su **OK**: il programma memorizza le ultime opzioni che avete inserito.

I formati di salvataggio

I file immagine possono essere salvati sotto svariati formati, ognuno dei quali è più adatto a determinati utilizzi.

JPG (o JPEG) è il formato più diffuso perché è leggero e compatibile con tutti i sistemi di lettura. La maggior parte delle fotocamere salva le immagini nelle memory card direttamente in questo formato. JPG è un formato compresso, cioè vengono eliminate le informazioni superflue per rendere il file dell'immagine più leggero in termini di byte.

Nota

Questo causa però una perdita di qualità: maggiore è la compressione minore è la qualità. Il livello di compressione può essere impostato durante il salvataggio del file, nella finestra di dialogo con le opzioni di formato che si apre alla chiusura della finestra **Salva con nome**. Muovete il cursore **Qualità** tra **0** (minimo peso e minima qualità) e **12** (massimo peso e massima qualità).

Questo formato è utile per condividere le foto via mail o per pubblicarle sul Web, mentre è invece da evitare se si vuole lavorare il file, perché non memorizza le caratteristiche di lavorazione e perché applica una nuova compressione a ogni chiusura e salvataggio, aumentando ogni volta la perdita di qualità originale.

TIF è un formato molto diffuso perché compatibile con molti programmi e stabile. Crea file piuttosto pesanti perché preserva le informazioni di lavorazione di Photoshop. Il formato TIF può essere compresso con LZW, che riduce le dimensioni del file senza perderne la qualità. È una buona scelta per archiviare le foto su disco rigido ma anche per mandare in stampa una fotografia.

PSD è il formato nativo di Photoshop e ne supporta tutte le informazioni di lavorazione. Per questo motivo è molto pesante. È leggibile dalla maggior parte di programmi dedicati alla grafica, ma non dagli altri. È quindi consigliabile usarlo per i file in lavorazione, ma non per la condivisione o l'archiviazione.

PDF è un formato contenitore, all'interno del quale è possibile salvare diversi tipi di informazione, dalle immagini ai testi fino ai video. È un formato leggero utile per la condivisione con praticamente ogni sistema operativo esistente.

NOTA

Se salvate in PDF potete mantenere tutte le caratteristiche del PSD leggibili con Acrobat Reader se spuntate l'opzione **Mantieni possibilità di modifica in Photoshop** nella finestra di dialogo **Salva Adobe PDF**.

EPS è un formato per l'elaborazione di immagini utile per trasferire elementi grafici tra diverse applicazioni, perché oltre a essere supportato da quasi tutti i programmi di grafica può contenere sia grafica vettoriale sia immagini bitmap. Ricordatevi però che quando aprite un file EPS, Photoshop rasterizza la grafica vettoriale, cioè la converte in pixel.

GIF è un formato utilizzato soprattutto per il Web. Riduce le informazioni colore e in questo modo diventa più leggero, ma allo stesso tempo perde in qualità di stampa.

Anche PNG è usato per la visualizzazione sul Web. È in grado di comprimere le immagini senza perdita di dati e di mantenere le trasparenze; per questo motivo il suo utilizzo è sempre più frequente.

Muoversi all'interno dell'area di lavoro

Una volta aperta la propria foto, muoversi velocemente all'interno dell'area di lavoro è fondamentale. Per aiutarvi, Photoshop mette a disposizione diversi strumenti e controlli: scegliete quelli più comodi per ogni situazione, che dobbiate valutare l'immagine nella sua globalità oppure esaminare dei particolari nel dettaglio.

Per prima cosa impostate la modalità schermo più adatta. Io preferisco lavorare in Modalità schermo intero con barra dei menu, in modo da eliminare le barre superflue ed estendere la finestra dell'immagine, ma la scelta è soggettiva. Fate qualche prova facendo clic sul pulsante Cambia modalità schermo nel pannello Strumenti.

Scegliete poi una dimensione di visualizzazione dell'immagine adeguata alle vostre esigenze con lo strumento Zoom. Dopo aver attivato lo strumento, nella barra delle opzioni trovate varie modalità di visualizzazione predefinite nonché alcune opzioni di controllo dello zoom.

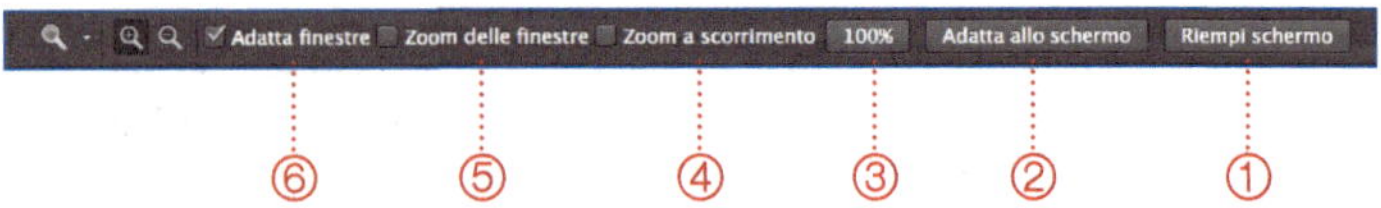

① **Riempi schermo** ingrandisce l'immagine in modo da riempire interamente la finestra del documento sia in altezza sia in larghezza.

② Per vedere l'immagine più grande possibile nella sua interezza fate clic su **Adatta allo schermo**.

③ Fate clic su **100%** per visualizzare i pixel reali, cioè per vedere l'immagine alla massima risoluzione possibile senza distorsioni.

④ Se attivate l'opzione **Zoom a scorrimento** e tenete premuto il mouse, l'immagine si ingrandisce gradualmente mentre vi muovete verso destra o si riduce mentre vi muovete verso sinistra.

⑤ Se avete più immagini aperte potete impostare l'ingrandimento contemporaneamente su tutte le finestre abilitando **Zoom delle finestre**.

⑥ Se la finestra del documento non è ancorata, potete ridimensionarla assieme all'immagine attivando l'opzione **Adatta finestre**.

Zoom e **Mano** sono due strumenti particolarmente utili anche quando state lavorando con altri strumenti. Per questo motivo è possibile richiamarli anche senza selezionarli nella finestra degli strumenti. Tenute premuta la barra spaziatrice per accedere temporaneamente allo strumento **Mano**. Per usare lo zoom dovete invece tenere premuto il tasto Cmd (OS X) o Ctrl (Windows) e contemporaneamente premere il tasto + per ingrandire, il tasto – per ridurre o il tasto 0 per adattare la visualizzazione allo schermo.

Se vi doveste perdere, Photoshop vi mette a disposizione il pannello **Navigatore**, da cui potete controllare la vostra posizione all'interno dell'immagine. Nell'area di lavoro **Fotografia** trovate il pannello **Navigatore** in alto a destra tra i pannelli ancorati.

Figura 2.1 Il pannello Navigatore.

La porzione d'immagine racchiusa all'interno del quadrato rosso è quella che vedete all'interno della finestra immagine. Se trascinate il quadrato con il mouse si sposterà anche l'immagine nella sua finestra. In basso a sinistra potete leggere la percentuale di zoom e modificarla facendovi clic e inserendo il valore desiderato, oppure spostando il cursore alla sua destra.

Ridimensionare una foto

Con lo zoom è possibile modificare la percentuale di ingrandimento con cui viene visualizzata l'immagine sullo schermo. La dimensione dell'immagine però è un'altra cosa, in quanto non dipende dalla visualizzazione ma dal numero di pixel con cui è stata scattata la fotografia. Ma quanto è grande quindi la vostra immagine? Per capire questo concetto è bene iniziare con alcune semplici definizioni.

La dimensione si misura in pixel ed è data dal numero complessivo di pixel lungo la larghezza e l'altezza di un'immagine.

La risoluzione indica invece il numero di pixel per pollice (ppi) e definisce il livello di dettaglio dell'immagine. Più alto è il numero di pixel per pollice, maggiore è la risoluzione.

La dimensione del file, infine, è la dimensione digitale del file immagine espressa in byte, ed è proporzionale alle dimensioni in pixel dell'immagine. Maggiore è il numero di pixel, maggiore è la dimensione del file, che quindi occupa più spazio sul computer o sulla memory card e richiede più tempo per essere aperto o modificato. Allo stesso tempo però maggiore è il numero di pixel di un'immagine più grandi possono essere i formati di stampa. Quando scegliete la risoluzione ricordatevi sempre che state scegliendo il compromesso tra la qualità e la dimensione del file più adatto alle vostre esigenze.

Per visualizzare la dimensione e la risoluzione dell'immagine selezionate il menu Immagine nella barra dei menu e fate clic su Dimensione immagine per aprire la finestra di dialogo omonima.

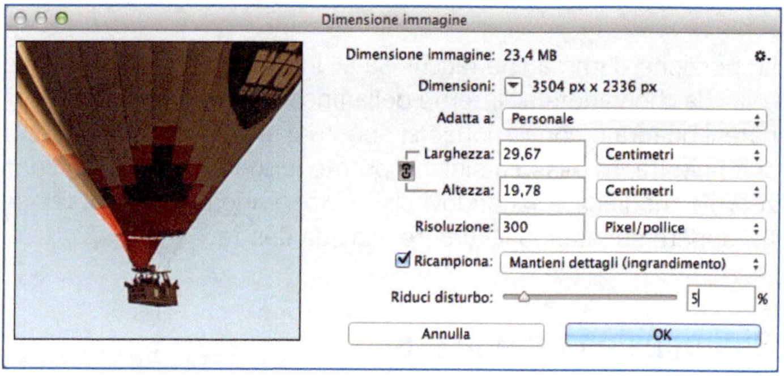

Figura 2.2 La finestra di dialogo Dimensione immagine.

Nella finestra sono riportati tutti i parametri: Dimensione immagine indica la dimensione del file in byte senza compressioni, Dimensioni indica il numero di pixel per lato, Larghezza e Altezza esprimono le dimensioni con diverse unità di misura e Risoluzione indica il numero di pixel per pollice.

Come potete notare i parametri Larghezza, Altezza e Risoluzione sono modificabili. Cambiando questi valori potete modificare le dimensioni senza modificare il numero totale di pixel che l'immagine contiene. Questo significa che se aumentate le dimensioni la risoluzione diminuisce, mentre se diminuite le dimensioni la risoluzione aumenta. In altre parole i pixel dell'immagine vengono ridistribuiti: più sono vicini tra di loro maggiore è la risoluzione e quindi il dettaglio dell'immagine, più sono lontani minore è la risoluzione e quindi aumentano le dimensioni.

Se invece avete bisogno di modificare la risoluzione o la dimensione dell'immagine, aumentando o diminuendo il numero di pixel contenuti nell'immagine, dovete attivare l'opzione Ricampiona immagine. In questo modo potete gestire autonomamente i due parametri e inserire dei nuovi valori nei campi Larghezza, Altezza e Risoluzione. Se l'icona di collegamento è attiva la proporzione tra le due dimensioni rimane fissa, altrimenti le due dimensioni vengono cambiate autonomamente, con l'effetto di schiacciare o allungare l'immagine. Potete anche scegliere un predefinito per ridimensionare l'immagine dal menu Adatta.

Se volete ingrandire l'immagine il programma deve in pratica creare dettagli dove non ce ne sono. La qualità del file subisce quindi un decadimento dopo questa operazione, nello specifico perdita di nitidezza e aggiunta di disturbo. Il menu Ricampiona offre diverse possibilità per trovare il giusto compromesso. Accanto ai parametri è visualizzata un'anteprima della fotografia al 100%, che mostra gli effetti che hanno sull'immagine eventuali cambiamenti apportati ai parametri di ridimensionamento

Nella versione CC è stato introdotto il nuovo metodo Mantieni dettagli (ingrandimento) che ha a disposizione il cursore Riduci disturbo per controllare gli effetti collaterali dell'ingrandimento. Con questa opzione è possibile ottenere ottimi risultati.

Cambiare idea

Una delle prime cose che dovete imparare di Photoshop è che si può quasi sempre tornare indietro! Certo, non proprio sempre (diciamo che ci sono degli accorgimenti da prendere per non rischiare di rovinare tutto il lavoro fatto), ma esistono una serie di strumenti per tornare sui propri passi se non si è soddisfatti del lavoro svolto. Questo vi dà la tranquillità di sperimentare senza paura tutte le possibilità offerte dal programma.

Il primo comando da ricordare è Annulla, all'interno del menu Modifica: quando lo selezionate l'ultima azione compiuta viene annullata. Se cambiate idea e la volete ripristinare riaprite il menu Modifica e fate clic su Ripristina. Questi comandi possono essere richiamati anche dalla tastiera. Ricordateli, perché vi saranno molto utili: se premete Cmd+Z (OS X) o Ctrl+Z (Windows) annullate l'ultima azione, premendoli di nuovo la ripristinate.

Grazie al pannello Storia si ha la possibilità di tornare a un qualsiasi stato recente dell'immagine durante la sessione di lavoro in corso.

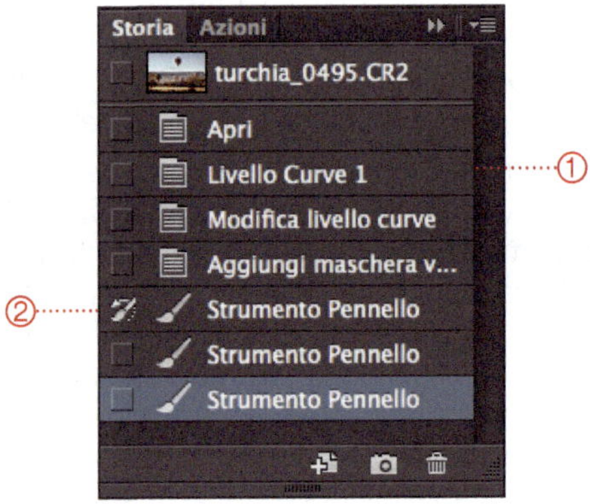

① Qualsiasi modifica apportata all'immagine viene registrata in questo pannello e inserita in ordine cronologico in un elenco in cui compare il nome dello strumento o del comando utilizzato. Ogni voce rappresenta quindi uno stato passato dell'immagine durante la lavorazione. È sufficiente selezionare lo stato che volete visualizzare dall'elenco per ripristinare quella determinata situazione. A questo punto potete proseguire il lavoro dallo stato selezionato. Fate attenzione però: per impostazione predefinita il pannello Storia elenca solo gli ultimi 20 stati, quindi non potete andare più indietro di così!

② È possibile ripristinare parzialmente la versione precedente di un'immagine grazie allo strumento Pennello Storia, che consente di tornare indietro solo in aree selezionate dell'immagine. Dopo aver attivato lo strumento aprite il pannello Storia e spuntate la casella a sinistra dello stato che desiderate ripristinare. L'area in cui passate il pennello viene ripristinata come era in quella versione dell'immagine.

NOTA

Per lavorare un'immagine senza sovrascrivere i dati originali è importante apportare sempre modifiche non distruttive. Questa tipologia di modifiche permette di conservare i dati originali dell'immagine, per ripristinare lo stato precedente all'occorrenza e mantenere intatta la qualità del file. Photoshop consente di eseguire modifiche non distruttive in diversi modi che vedremo nel corso del libro, caso per caso.

Creare una selezione

Creare una selezione è un'azione fondamentale per lavorare con Photoshop, soprattutto in tutti quei casi in cui avete bisogno di fare una modifica che non comprende l'intera immagine ma solo una parte.

Photoshop mette a disposizione un cospicuo numero di strumenti per creare una selezione, ognuno dei quali è più adatto a una specifica situazione.

Fare una selezione geometrica

Lo strumento Selezione rettangolare permette di selezionare una parte rettangolare dell'immagine. Gli altri strumenti all'interno dello stesso pulsante (Selezione ellittica, Selezione singola riga, Selezione singola colonna) funzionano allo stesso modo, ma creano delle selezioni di forma diverse. Questi sono comodi se dovete fare delle selezioni con forme molto regolari, come per esempio una finestra o un piatto.

① Selezionate lo strumento Selezione rettangolare dalla finestra Strumenti. Per utilizzare uno degli altri strumenti di selezione geometrica tenete premuto il mouse sopra il pulsante. Quando si apre la finestra con gli strumenti nascosti selezionate quello che vi interessa. Il funzionamento è identico.

② Fate clic sul punto che dovrebbe coincidere con uno spigolo della selezione. Tenete premuto il mouse e trascinatelo per espandere il rettangolo di selezione. Mentre create la selezione una finestra ve ne indica le dimensioni in centimetri.

③ Rilasciate il mouse quando avrete ottenuto la dimensione desiderata. La selezione attiva è visualizzata come un rettangolo dai lati tratteggiati e animati.

④ Una volta rilasciato il mouse potete spostare la selezione senza spostarne il contenuto. Posizionate il cursore all'interno della selezione e trascinatela con il mouse.

Nella barra delle opzioni avete la possibilità di impostare delle proporzioni o dimensioni fisse. Se per esempio volete creare una selezione quadrata è sufficiente selezionare la voce **Proporzioni fisse** dal menu **Stile** nella barra delle opzioni. Inserite il valore **1** nelle caselle **L** e **A** (larghezza e altezza). Tracciate la vostra selezione come descritto al punto 2. La selezione traccia la forma di un quadrato che si espande in maniera proporzionale.

Selezionare un oggetto irregolare

Lo strumento Lazo crea delle selezioni a mano libera. Per usare questo strumento è sufficiente tenere premuto il mouse e muovere il cursore attorno all'area che desiderate selezionare. Essendo uno strumento completamente manuale, il suo utilizzo spesso è limitato a selezioni veloci e approssimative. Nello stesso pulsante trovate però gli strumenti nascosti Lazo poligonale e Lazo magnetico, che grazie a degli automatismi di Photoshop rendono facile selezionare anche oggetti dai contorni irregolari.

Lazo poligonale crea selezioni dai bordi rettilinei attraverso la definizione di singoli punti di ancoraggio. Per questo motivo è adatto soprattutto per selezionare oggetti dai bordi dritti anche se di forma irregolare, come per esempio il tetto di una casa o un parallelepipedo.

① Fate clic con il mouse sull'immagine per fissare un punto di ancoraggio.

② Spostate il mouse e fate di nuovo clic per creare un altro punto. I due punti verranno uniti dal programma con una linea retta.

③ Continuate così fino a creare la forma desiderata. Se durante la selezione sbagliate a posizionare un punto premete il tasto Canc per eliminare l'ultimo punto inserito e proseguite posizionandone uno nuovo dove preferite.

④ Tornate con il puntatore sul primo punto e fate clic per chiudere la selezione e attivarla. Come per tutti gli strumenti di selezione, anche in questo caso la selezione attiva è visualizzata come una linea tratteggiata e potete muoverla posizionando il puntatore al suo interno.

⑤ Grazie alla barra delle opzioni è possibile aggiungere una selezione a una già attiva. Fate clic sulla casella **Aggiungi alla selezione**. Notate che adesso accanto al cursore compare un piccolo più. Tracciate una nuova selezione come descritto nei punti 1-4. Questa nuova selezione affiancherà quella precedente.

⑥ Se invece volete deselezionare una parte della selezione attiva fate clic sulla casella **Sottrai dalla selezione**. Accanto al cursore appare un segno meno. Tracciate una selezione che interseca quella già attiva. L'area di intersezione viene sottratta dalla selezione attiva.

Anche **Lazo magnetico** funziona attraverso l'unione di singoli punti di ancoraggio. La differenza rispetto a **Lazo poligonale** è che con questo strumento è il programma a fissare i punti automaticamente, leggendo la differenza di colore o luminosità lungo il bordo dell'oggetto che volete selezionare (come se fossero attratti magneticamente). Per dare la possibilità al programma di riconoscere meglio i contorni dell'oggetto impostate lo zoom al 100% e muovetevi con il cursore lungo il bordo che volete selezionare. Se Photoshop non riconoscesse un bordo, basta fare clic con il mouse nel punto giusto per creare manualmente un punto di ancoraggio. Grazie alla lettura automatica questo strumento è utile per selezionare oggetti con contorni irregolari, come una foglia frastagliata o un fiore.

Creare una selezione complessa

Lo strumento Bacchetta magica permette di selezionare automaticamente aree contigue di colore simile, quindi può essere utile per esempio per selezionare un cielo in un panorama.

Figura 2.3 Utilizzo pratico di Bacchetta magica per la selezione di un cielo.

Per utilizzare questo strumento basta attivarlo dal pannello Strumenti e fare clic sull'area di colore che vi interessa. Per selezionare aree simili ma non contigue disattivate l'opzione Contigui nella barra delle opzioni. Con un solo clic selezionerete i colori simili in tutta l'immagine.

Essendo uno strumento completamente automatico, Bacchetta magica vi può risolvere la vita in un clic ma ve la può anche notevolmente complicare, visto che è molto difficile definire con esattezza quali sono i colori simili e quali no. Tornando all'esempio precedente, un cielo azzurro si stacca bene dal verde di una montagna, ma se c'è una nebbia che rende tutto grigio può essere molto difficile selezionare solo il cielo. Per definire quanto ampia è la vostra concezione di colore simile, cioè quanto ampia deve essere la gamma delle sfumature prese in considerazione da Photoshop, potete lavorare con l'opzione Tolleranza nella barra delle opzioni. Minore è il valore che inserite, più ristretta è la gamma del colore presa in considerazione dal programma.

Per coniugare i più avanzati automatismi di Photoshop mantenendo un maggiore controllo usate lo strumento Selezione rapida. Grazie alle sue caratteristiche questo strumento è la soluzione migliore per le selezioni complesse, come per esempio una figura umana o un animale.

① Selezionate lo strumento **Selezione rapida** dal pannello **Strumenti**.

② Il cursore si trasforma in un cerchio che simula la punta di un pennello. Tenete premuto il mouse e portate il cursore vicino al bordo interno dell'oggetto che volete selezionare. In questo modo "dipingete" rapidamente una selezione, che durante il trascinamento si espande automaticamente verso l'esterno, rilevando e seguendo i bordi nitidi dell'oggetto.

③ Se sono state incluse delle zone in più, fate clic sulla casella **Sottrai alla selezione** nella barra delle opzioni. In questo modo il pennello lavora in modalità sottrazione, quindi passatelo sulle selezioni in eccesso per eliminarle.

④ Per selezionare in modo naturale anche le aree più difficili, come per esempio i capelli, fate clic sul pulsante **Migliora bordo** nel pannello delle opzioni.

Passiamo ora a definire meglio i dettagli attraverso il pannello **Migliora bordo**.

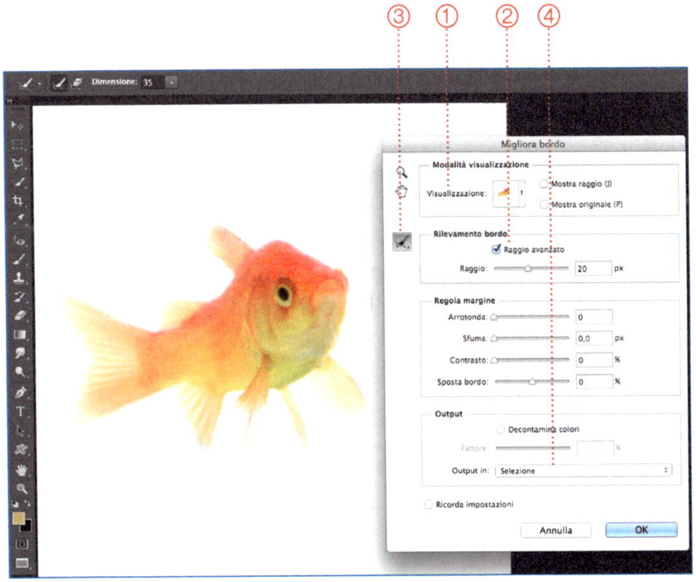

① Quando si apre la finestra di dialogo la selezione viene visualizzata su sfondo bianco. Nella sezione Modalità visualizzazione potete scegliere varie opzioni di sfondo. Notate come isolando l'oggetto selezionato dallo sfondo diventi più facile notare gli errori.

② Spuntate la voce Raggio avanzato e muovete il cursore verso destra. Aumentando il raggio appare un maggior numero di dettagli ma allo stesso tempo la selezione diventa più imprecisa, quindi aumentate il raggio sempre solo lo stretto necessario. Per selezioni semplici mantenete il valore basso, mentre selezioni complesse comportano valori più elevati.

③ Attivate lo strumento Migliora raggio per indicare localmente al programma le aree più problematiche, come per esempio capelli, pellicce o pinne. Dipingete le aree in cui si vede ancora parte del colore di sfondo per ridefinire la selezione e ottenere i dettagli.

④ Controllate che nella sezione Output in sia selezionata la voce Selezione e fate clic su OK. La finestra di dialogo si chiude e vedrete la vostra selezione attiva sull'immagine.

Lavorare con i livelli

I livelli sono una delle funzioni più potenti e complesse di Photoshop. Per questo motivo possono sembrare spesso una nebulosa inavvicinabile per i neofiti del fotoritocco. Per cercare di descriverli in maniera semplice li dovete immaginare come una serie di fogli trasparenti, poggiati l'uno sopra all'altro, che assieme costruiscono l'immagine finale.

Tutti i livelli sono indipendenti tra loro e questo vi dà la possibilità di modificarli o eliminarli uno per volta, senza andare a influire in alcun modo sugli altri.

Attraverso i livelli è possibile fare delle modifiche non distruttive, grazie alle quali i cambiamenti apportati all'immagine non sovrascrivono i dati originali.

Questo significa che i dati originali vengono sempre conservati per poter tornare all'immagine precedente in qualsiasi momento.

Per applicare delle regolazioni non distruttive all'immagine potete creare un nuovo livello di regolazione. Le modifiche non intervengono direttamente sull'immagine ma vengono registrate su un livello a parte che contiene solo la regolazione, che viene applicata a tutti i livelli sottostanti. I livelli di regolazione possono essere eliminati o modificati in qualsiasi momento per ripristinare l'immagine originale, senza aumentare di molto il peso del file.

Grazie ai livelli è quindi possibile creare immagini multiple e fotomontaggi, aggiungere testo o forme grafiche, fare delle modifiche non distruttive e molto altro ancora.

Inoltre un livello può essere mascherato, cioè nascosto parzialmente. Le maschere funzionano in bianco e nero: il bianco mostra mentre il nero nasconde. Accanto alla miniatura del livello appare una quadratino bianco che indica che il livello è completamente visibile. Per mascherare parte del livello attivate lo strumento Pennello e scegliete il colore nero. Le aree dove passate il pennello nero vengono mascherate, cioè nascoste. Se volete rendere nuovamente visibili le aree mascherate è sufficiente passarvi il pennello bianco. Le maschere sono uno strumento utilissimo perché rimangono sempre aperte e modificabili con una semplice pennellata bianca o nera.

Per lavorare con i livelli usate il pannello Livelli, che trovate in basso a destra nell'area di lavoro predefinita Fotografia. Nel pannello sono indicati tutti i livelli dell'immagine.

Una nuova immagine ha un solo livello detto Sfondo, che contiene i dati originali. Per questo motivo cercate di non fare modifiche dirette su questo livello. Consideratelo la base del vostro lavoro in modo da avere sempre a disposizione l'originale nel caso vi rendeste conto che le lavorazioni fatte non vi convincono.

Ogni nuovo livello viene aggiunto sopra a quello attivo al momento della sua creazione. Ricordate che il livello più in alto nell'elenco del pannello copre i livelli sottostanti, quindi controllate sempre di aver attivato il livello giusto prima di fare delle lavorazioni.

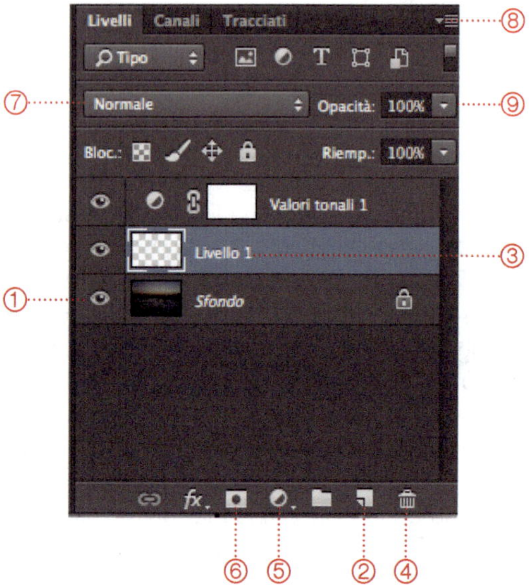

① L'icona a forma di occhio sulla sinistra indica se un livello è visibile o meno: se vi fate clic sopra, l'icona scompare e il livello non è più visibile nel documento. Questo è utile per valutare l'apporto dato dal singolo livello al documento.

② Nella parte inferiore del pannello trovate i pulsanti delle opzioni. Facendo clic sul secondo pulsante da destra create un nuovo livello vuoto, che comparirà automaticamente nel pannello come Livello 1.

③ Facendo doppio clic sul nome lo potete cambiare, mentre se fate doppio clic accanto a esso si apre la finestra Stili di livello con cui potete aggiungere effetti speciali al livello, come ombre e bagliori.

④ Se dovete eliminare un livello selezionatelo nella lista del pannello, quindi fate clic sull'ultimo pulsante in basso a destra.

⑤ Per creare un nuovo livello di regolazione o di riempimento fate clic sul quarto pulsante in basso da sinistra e selezionate il comando desiderato dal menu a comparsa (oppure fate clic sul comando desiderato nel pannello Regolazioni).

⑥ Per aggiungere una maschera a un livello basta fare clic sul pulsante Aggiunge una maschera vettoriale.

⑦ Il menu a tendina permette di scegliere il metodo di fusione, ossia il metodo con il quale quel livello viene sovrapposto agli altri livelli.

⑧ Con un clic sulla freccia in alto a destra del pannello aprite il menu del pannello. Da qui possono essere selezionati diversi comandi, tra cui alcuni già presenti come pulsanti all'interno del pannello.

⑨ L'opzione Opacità serve a regolare in maniera graduale la visibilità del livello. Facendo clic sulla freccia appare un cursore che va da 100 a 0: muovetelo verso sinistra per sfumare il livello.

Una volta terminata la lavorazione della vostra immagine con i livelli vi troverete in mano un file modificabile in qualsiasi momento, a patto che salviate l'immagine con i livelli aperti. Per fare questo l'estensione migliore è PSD. Selezionate File > Salva, quindi nella finestra di dialogo scegliete Photoshop dal menu Formato, controllate che l'opzione Livelli sia attiva e fate clic su OK.

I file PSD sono ottimi per archiviare i vostri lavori, ma non sono adatti né alla stampa né alla condivisione via Web. In questi casi dovete unire i livelli. Aprite il menu del pannello e selezionate Unico livello. In questo modo tutti i livelli vengono uniti nel livello Sfondo che contiene tutte le informazioni. Quindi selezionate File > Salva con nome, scegliete il formato adeguato alle vostre esigenze e fate clic su OK.

NOTA

Quando create un nuovo livello assegnategli sempre un nome che lo renda immediatamente riconoscibile nell'elenco del pannello. Se per esempio create un nuovo livello che contiene la selezione del cielo chiamatelo **cielo**. Questa abitudine vi sarà molto utile quando inizierete a lavorare con molti livelli aperti.

Condividere le foto: esportazioni per il Web e stampa

Quando avete finito di elaborare le vostre fotografie siete pronti per farle vedere a tutti. Potete decidere di stamparle oppure di condividerle online, via mail o sui social network. Queste due ipotesi però hanno bisogno di caratteristiche tecniche molto diverse. Abbiamo già visto i formati più adatti a ogni utilizzo, adesso vediamo meglio anche le risoluzioni e i profili colore.

Comunemente un file destinato alla stampa deve avere una risoluzione di 300 ppi per una stampa ad alta qualità o 240 ppi per una a getto d'inchiostro. Per vedere la risoluzione corrente dell'immagine selezionate il comando **Dimensione immagine** dal menu **Immagine**. La risoluzione minima per la stampa è 180 ppi, la dimensione del documento a questa risoluzione vi indica la grandezza massima a cui è possibile stampare la fotografia senza perdere qualità.

Durante il processo di stampa anche il colore subisce una certa perdita di qualità, perché le stampanti non sono in grado di riprodurre la profondità colore del monitor. Prima di inviare il file allo stampatore chiedetegli quale profilo preferisce. Per cambiare il profilo colore selezionate **Modifica** > **Converti in profilo**. Dopo la conversione controllate i cambiamenti nei colori e nelle aree di luce e di ombra e se notate dei peggioramenti effettuate piccole regolazioni aggiuntive con i comandi **Livelli, Curve** o **Tonalità/saturazione**.

Se invece decidete di condividere la foto online la prima considerazione da fare riguarda il peso del file: tanto più è pesante tanto più lento sarà il suo caricamento. Innanzitutto cambiate la risoluzione a 72 ppi, che è mediamente la risoluzione del monitor di un computer. Per rendere più leggere le immagini è necessario poi ridurre la dimensione allo stretto necessario e comprimere il file.

Questa operazione comporta una certa perdita di qualità, soprattutto in termini di saturazione e nitidezza. Le dimensioni di output dipendono dall'utilizzo specifico della fotografia. Se non conoscete con esattezza la dimensione con cui dovrà essere pubblicata potete prendere in considerazione quelli che sono gli standard più diffusi. Se salvate per il Web, un'immagine pubblicata a piena pagina potrebbe avere dimensioni attorno a 1280×800 pixel, che è la risoluzione più comune tra i computer in commercio. Inoltre dovete tener conto che le applicazioni di posta elettronica e quasi tutti i browser non supportano la gestione del colore, perciò se lasciate incorporato lo spazio colore di lavoro molto probabilmente visualizzerete immagini spente e poco contrastate. Per evitare questo problema dovete convertire il profilo in sRGB, che è lo spazio colore usato come standard per il Web.

Per gestire tutte queste variabili e ottenere un'ottimizzazione automatica del file selezionate il comando Salva per Web dal menu File. Nella finestra di dialogo trovate alcune opzioni avanzate che vi permettono di gestire formato, dimensioni e colore e di vedere un'anteprima per valutare meglio il risultato finale.

Capitolo 3

Correggere gli errori di ripresa e composizione

- Ritagliare un'immagine
- Raddrizzare l'orizzonte
- Correggere la prospettiva
- Eliminare lo sporco e le imperfezioni
- Ridimensionare un'immagine allargando lo sfondo
- Rimuovere elementi indesiderati
- Migliorare la nitidezza
- Sfocare lo sfondo
- Creare un semplice fotomontaggio
- Come estendere la profondità di campo

Capita a tutti di commettere errori banali in fase di ripresa. La fretta o la disattenzione, infatti, portano spesso a ignorare o dimenticare quei piccoli accorgimenti che devono essere presi per garantire una qualità professionale a una fotografia. Il fotoritocco ci aiuta a correggere queste imperfezioni e a migliorare la qualità di uno scatto.

Il fotoritocco è l'insieme delle tecniche di modifica di una fotografia, allo scopo di migliorarne l'estetica. Spesso si tende a pensare che tutto questo sia possibile solo con la fotografia digitale, ma in realtà anche in quella tradizionale esistono tecniche di sviluppo per modificare un negativo o una stampa. Grazie a procedimenti chimici complessi e a una notevole dose di mestiere è infatti possibile migliorare le luci e i colori di una fotografia e non solo. Si racconta di grandi fotografi del passato che non facevano vedere i propri lavori a nessuno prima che passassero sotto le mani del loro stampatore di fiducia.

Photoshop ha semplicemente reso tutto questo molto più facile, veloce e alla portata di tutti. In questo capitolo sono descritte delle semplici tecniche per correggere alcuni degli errori più comuni.

Ritagliare un'immagine

Ritagliando una foto è possibile cambiare l'inquadratura e il formato o eliminare elementi superflui. Per esempio, un errore piuttosto frequente che si può correggere con un semplice ritaglio è quello dei piedi tagliati.

Quando fotografate delle persone a figura intera è sempre importante non lasciar fuori i piedi. In questi casi un'opzione è quella di ritagliare la foto trasformando un'inquadratura a figura intera in un piano americano, cioè riprendendo il soggetto dalle ginocchia alla testa. Se tagliate la foto sotto le ginocchia del soggetto cambiate tipologia di inquadratura, eliminando quello che era un difetto tecnico.

Lo strumento Taglierina vi dà la possibilità non solo di ritagliare un'immagine, ma anche di definire prima del ritaglio una specifica proporzione o le dimensioni precise che volete ottenere.

① Attivate lo strumento Taglierina selezionandolo dalla finestra degli Strumenti.

② Quando fate clic sull'immagine sullo schermo appare il bordo di ritaglio. Spostate le maniglie per muovere i bordi. Se volete mantenere le proporzioni dell'immagine originale tenete premuto il tasto Alt mentre spostate una delle maniglie d'angolo.

③ Mentre utilizzate lo strumento Taglierina potete verificare in ogni momento le dimensioni del ritaglio: quando trascinate le maniglie compare una piccola finestra accanto al cursore che vi segnala le dimensioni correnti.

④ Trascinate l'immagine tenendo premuto il mouse per muoverla all'interno del rettangolo di ritaglio. Photoshop scurisce l'area al di fuori del bordo di ritaglio per farvi capire meglio l'effetto finale.

⑤ Fate clic sul segno di spunta in alto a destra nella barra delle opzioni per completare il ritaglio.

Se dovete tagliare una foto per adattarla a un'area di un formato definito (come nel caso di una fotografia verticale che va inserita in una cornice quadrata) o con una misura specifica, trovate nella barra delle opzioni la risposta alle vostre esigenze. Potete infatti impostare il rapporto o le dimensioni precise che volete ottenere.

① Per definire una specifica proporzione scegliete Rapporto dal menu a discesa e nelle due caselle accanto digitate per esempio 1 e 1 per fare un ritaglio quadrato. Per impostare le dimensioni esatte selezionate invece la voce LxAxRisoluzione. Digitate nelle caselle le dimensioni desiderate seguite dall'unità di misura (px per pixel e cm per centimetri) e la risoluzione. In entrambi i casi procedete con il ritaglio e fate clic sul segno di spunta per completare l'operazione.

② Con Photoshop CC e CS6 è possibile cambiare idea e tornare sui propri passi in qualsiasi momento. Prima di iniziare il ritaglio accertatevi che la casella Elimina pixel ritagliati, a destra nella barra delle opzioni, non sia spuntata. In questo modo l'applicazione non cancellerà la parte di immagine tagliata e potrete recuperarla anche dopo aver eseguito altre operazioni semplicemente riattivando lo strumento Taglierina e facendo clic sull'immagine. Ricordate però che questo è valido solo finché non unite i livelli! Photoshop trasforma infatti lo sfondo in un nuovo livello che contiene il taglio originale della foto; se eliminate il livello non potrete più tornare indietro.

NOTA

Taglierina è il più flessibile tra gli strumenti di ritaglio, ma non l'unico. Per eliminare automaticamente gli spazi vuoti intorno all'immagine, come per esempio i bordi irregolari di una scansione imperfetta, aprite il menu **Immagine** nella barra dei menu e scegliete **Rifila**. Se invece avete bisogno di adattare il formato a una selezione attiva non rettangolare, selezionate **Ritaglia** nello stesso menu: la foto verrà ritagliata automaticamente dal programma in modo che la selezione ne tocchi il bordo.

Raddrizzare l'orizzonte

Purtroppo capita spesso di vedere belle immagini che però hanno l'orizzonte storto o con le mura di un edificio inclinate. Questo avviene quando la macchina fotografica non è perfettamente dritta rispetto all'orizzonte. Per raddrizzare queste fotografie in pochi secondi basta trovare nell'immagine una linea che dovrebbe essere dritta, come per esempio quella dell'orizzonte o il profilo di un edificio.

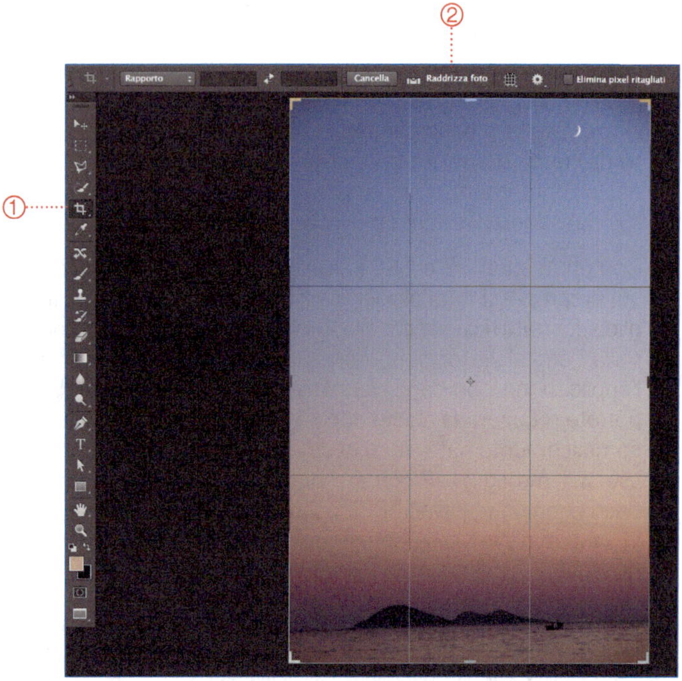

① Selezionate lo strumento Taglierina dalla finestra degli strumenti.

② Attivate l'opzione Raddrizza foto facendo clic sul pulsante dalla barra delle opzioni.

Il cursore assume l'aspetto di un crocino. Posizionatelo all'estremità della linea dell'orizzonte e fate clic. Tenete premuto il tasto del mouse e trascinatelo fino all'estremità opposta.

La linea che avete disegnato, infatti, viene presa dal programma come piano di riferimento per la rotazione: una volta raddrizzato l'orizzonte tutta la foto sarà dritta.

Figura 3.1 La linea disegnata segue l'inclinazione dell'orizzonte.

Quando rilasciate il mouse la foto si raddrizza automaticamente.

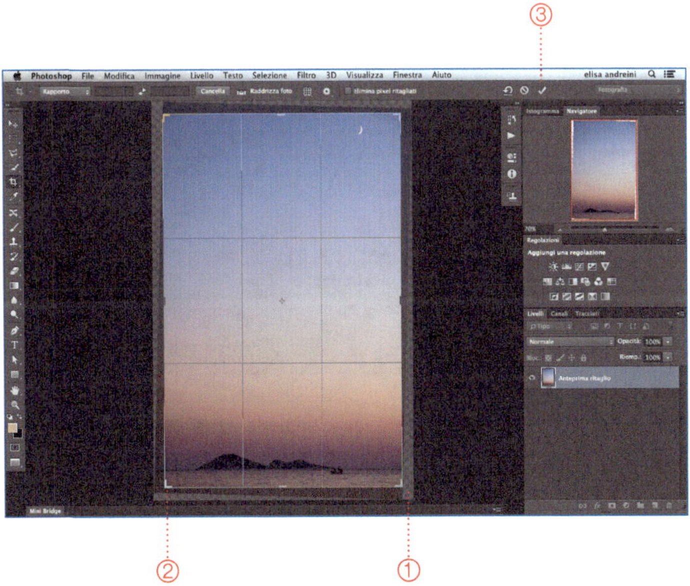

① L'area di ritaglio che viene visualizzata sull'immagine indica automaticamente come eliminare l'eventuale spazio vuoto sugli angoli creato dalla rotazione.

② Se non siete soddisfatti delle impostazioni automatiche, potete modificare il ritaglio spostando le maniglie di ritaglio.

③ Fate clic sul segno di spunta in alto a destra per completare l'operazione.

Righelli, guide sensibili e griglia

Per verificare se le linee di un'immagine sono dritte ma anche per valutare le distanze e gli allineamenti potete usare i righelli e gli elementi extra non stampabili. Questi elementi si estendono sopra l'immagine senza influire su di essa e possono essere visualizzati, nascosti o cancellati in qualsiasi momento. Inoltre sono calamitati, quindi selezioni, oggetti o strumenti tendono a posizionarsi in modo da toccarli: in questo modo è più facile allinearli.

Per visualizzare o nascondere questi elementi extra aprite il menu **Visualizza**: se un elemento è attivo compare un segno di spunta accanto al nome. Fate clic su un elemento per attivarlo e ripetete il clic per disattivarlo.

I righelli appaiono lungo i lati superiore e sinistro della finestra. I marcatori del righello indicano la posizione del puntatore man mano che lo spostate. Per mostrare i righelli aprite il menu **Visualizza** e selezionate la voce **Righelli**, mentre dovete deselezionarla per nasconderli.

Le guide sensibili sono delle sottili linee azzurre che si estendono sopra l'immagine e possono essere spostate o rimosse in qualsiasi momento. Per posizionare una guida fate clic sul righello e trascinate il mouse fino al punto desiderato. Trascinate il righello orizzontale per creare una guida orizzontale, oppure trascinate quello verticale per una guida verticale. Potete creare tutte le guide che volete. Se volete spostare una guida dovete solo selezionare lo strumento **Sposta**, posizionare il cursore sopra la guida e trascinarla con il mouse nella nuova posizione. Per rimuovere una singola guida, trascinatela fuori dalla finestra dell'immagine. Se invece dovete cancellare più guide contemporaneamente vi conviene aprire il menu **Visualizza** e selezionare **Cancella guide**.

La griglia è invece una vera e propria griglia di sottili linee grigie. Per visualizzarla aprite il menu **Visualizza** > **Mostra** e selezionate la voce **Griglia**, mentre dovete deselezionarla per nasconderla.

Se avete bisogno di rendere temporaneamente l'area di lavoro più pulita potete anche nascondere tutti gli elementi extra attivati senza cancellarli: basta deselezionare **Extra** dal menu **Visualizza**. Selezionate invece la voce **Extra** per visualizzarli nuovamente.

Per cambiare colore, unità di misura, distanze e suddivisioni delle guide o della griglia scegliete **Photoshop** > **Preferenze** > **Guide, griglia e sezioni** (OS X) oppure **Modifica** > **Preferenze** > **Guide, griglia e sezioni** (Windows).

Correggere la prospettiva

Quando si fotografa un edificio o un soggetto geometrico capita spesso di dover fare i conti con la distorsione prospettica. La conseguenza della distorsione sono le cosiddette linee cadenti, cioè linee che nell'immagine convergono verso un punto al di fuori dell'inquadratura ma che nella realtà sono parallele. Questo avviene perché mentre fate la foto il vostro sguardo, e quindi anche la macchina fotografica, sono rivolti verso l'alto o verso il basso. Nella maggior parte dei casi purtroppo non si può evitare il problema, perché vi trovate più in basso dell'edificio e dovete per forza alzare lo sguardo per fare la foto. Se avete spazio potete allontanarvi un po' dal soggetto, e in questo modo la distorsione prospettica diminuisce. Ma se non vi potete allontanare dal soggetto Photoshop vi dà una mano a correggerla.

Figura 3.2 Notate le linee cadenti del castello.

Il comando Correzione obiettivo che trovate all'interno del menu Filtro è perfetto per intervenire su qualsiasi tipo di distorsione dovuta all'obiettivo.

Nella finestra di dialogo non solo potete correggere la prospettiva verticale e orizzontale, ma anche la distorsione geometrica, l'aberrazione cromatica e la vignettatura. Inoltre nella scheda Correzione automatica potete impostare la fotocamera e l'obiettivo utilizzato per tentare una correzione automatica.

Selezionate Filtro > Correzione obiettivo per aprire la finestra di dialogo omonima.

Una volta preparata l'area di lavoro procedete con la regolazione manuale della prospettiva.

① Aprite la scheda Personale per apportare delle regolazioni manuali.

② Attivate lo strumento Sposta griglia e trascinate la griglia con il mouse in modo che almeno una delle righe verticali coincida con lo spigolo di un profilo dell'edificio. Questo renderà più facile la valutazione delle azioni da fare.

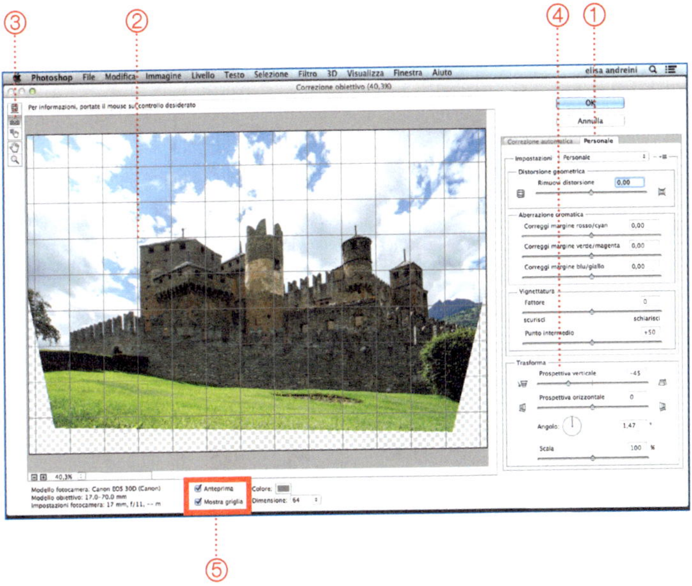

③ Per prima cosa raddrizzate l'immagine. Attivate lo strumento Raddrizza foto, il secondo pulsante in alto a sinistra. Questo strumento funziona come l'opzione omonima dello strumento Taglierina. Cercate la linea dell'orizzonte o, se non ci dovesse essere, cercate una linea verticale collocata in posizione centrale e disegnatevi sopra la linea per raddrizzare automaticamente la foto. Se non riuscite a trovare linee valide per la lettura automatica, potete agire manualmente con il comando Angolo.

④ Per raddrizzare le linee cadenti dovete spostare il cursore Prospettiva verticale. L'icona ai margini del cursore vi aiuta a capire in quale direzione vi dovete muovere.

⑤ Assicuratevi che siano attive le opzioni Anteprima e Mostra griglia, per vedere in tempo reale i cambiamenti che state apportando all'immagine e valutare bene se le linee sono dritte grazie alla griglia.

Una volta corretta la prospettiva rimane solo da eliminare l'area vuota che si è formata in seguito alla trasformazione dell'immagine.

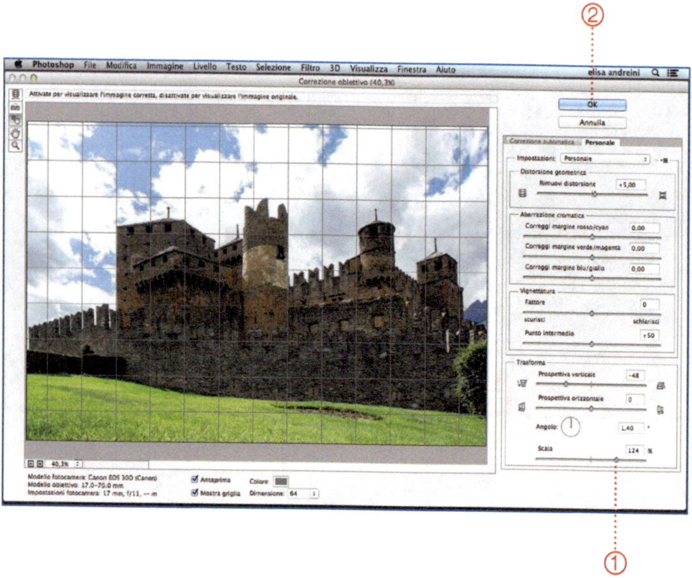

① Spostate il cursore Scala verso destra in modo da aumentare le dimensioni dell'immagine fino a riempire il quadro immagine.

② Fate clic su OK.

Eliminare lo sporco e le imperfezioni

Avete mai notato sulle vostre fotografie dei piccoli pallini neri o delle linee dalla forma irregolare? Fate attenzione in particolare alle aree di colore uniforme, come un cielo azzurro. Se la risposta è sì la prima cosa che dovete fare è dare una bella pulita alla macchina fotografica, perché quelli che vedete sono granelli di polvere o piccoli peli che si sono depositati sull'obiettivo o sul sensore. Se guardando l'obiettivo controluce vedete della polvere pulitelo con un pennello o un panno adatti. Se invece l'obiettivo è pulito, purtroppo il problema è nel sensore. In questo caso potete acquistare un kit di pulizia specifico o rivolgervi a un tecnico specializzato, visto che l'operazione è molto delicata e rischiosa.

Nel frattempo, però, per recuperare la fotografia potete usare lo strumento Pennello correttivo al volo per rimuovere facilmente i segni della polvere. Questo strumento campiona l'area selezionata automaticamente, confrontandone il contenuto con la superficie che le sta attorno. In questo modo l'area selezionata viene riempita in modo realistico, senza giunture visibili, mantenendo particolari come ombre e bordi degli oggetti. Per questo motivo il Pennello correttivo al volo può essere una buona opzione per rimuovere qualsiasi tipo di piccola imperfezione delle foto, non solo polvere, quindi, ma anche per esempio graffi o brufoli.

① Selezionate lo strumento Pennello correttivo al volo.

② Fate clic sul pulsante Crea un nuovo livello nel pannello Livelli. In questo modo le correzioni saranno salvate su un livello vuoto separato dallo sfondo.

③ Rinominate il nuovo livello facendo doppio clic sul suo nome e digitate il nuovo nome **macchie**.

④ Impostate lo zoom al 100% digitando 100 all'interno del pannello **Navigatore**. In questo modo vedrete meglio le macchie nella foto.

⑤ Nella barra delle opzioni attivate l'opzione **In base al contenuto**.

⑥ Attivate l'opzione **Campiona tutti i livelli** in modo che il programma campioni non solo il livello attuale che è vuoto, ma anche il livello di sfondo sottostante.

⑦ Perché non rimangano segni della correzione è importante selezionare una dimensione del pennello adeguata a contenere la macchia. Aprite il selettore pennelli facendo clic sulla seconda icona a sinistra nella barra delle opzioni e selezionate una misura che rende il pennello appena più grande della macchia.

⑧ Fate clic sulla macchia e automaticamente il programma procederà alla sua rimozione.

⑨ Nel caso di macchie non puntiformi come un pelo o un graffio, potete procedere passando il pennello su tutta la macchia tenendo sempre premuto il mouse.

Figura 3.3 Dopo la lavorazione la foto appare pulita.

In casi particolarmente complessi e ricchi di dettagli questo strumento si potrebbe rivelare inefficace: se notate che si formano degli aloni attorno alle macchie che avete rimosso annullate le modifiche già fatte e attivate gli strumenti Pennello correttivo o Timbro clone. La lavorazione sarà più lunga ma il maggiore controllo sugli strumenti vi porterà a risultati migliori.

Ridimensionare un'immagine allargando lo sfondo

Capita spesso di dover ridimensionare un'immagine per migliorare una composizione o modificarne il formato. Se la tecnica del ritaglio non è percorribile perché rischia di tagliare parti essenziali della foto, l'unica possibilità che rimane è quella di cambiare la dimensione del quadro e allargare lo sfondo. Il problema in questi casi è che un normale ridimensionamento agisce uniformemente su tutti i pixel, creando delle distorsioni molto evidenti negli elementi chiave dell'immagine, come per esempio persone o edifici. Il comando Scala in base al contenuto permette di ridimensionare un'immagine senza alterare questi elementi. Questo comando agisce infatti soprattutto sui pixel di aree che non contengono importanti elementi visivi, come per esempio un cielo o un prato, proteggendo le aree sensibili precedentemente selezionate.

Per iniziare duplicate il livello Sfondo selezionando Duplica livello nel menu del pannello Livelli.

① Attivate lo strumento Lazo e fate una rapida selezione attorno alla barca, lasciando un po' di spazio intorno.

② Aprite il pannello Canali.

③ Salvate la selezione facendo clic sul pulsante Salva selezione come canale.

④ Nell'elenco del pannello viene creato un nuovo canale che contiene la selezione nominato Alfa 1. Rinominatelo facendo doppio clic sul nome e digitate barca.

Per aggiungere fondo alla foto dobbiamo cambiare la dimensione del quadro, cioè aumentare l'area modificabile dell'immagine. Il comando **Dimensione quadro** consente di modificare le dimensioni del quadro. Per aprire la finestra di dialogo fate clic su **Immagine** > **Dimensione quadro**. Quando si apre potete inserire nuovi valori per definire le dimensioni dell'area modificabile dell'immagine.

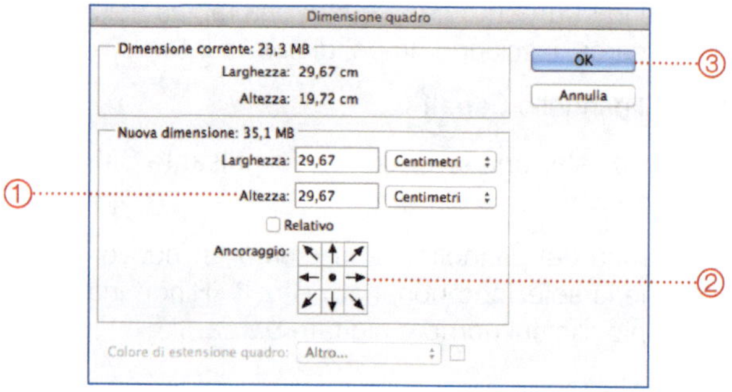

① Inserite un nuovo valore nel campo Altezza in modo da ottenere un quadro del formato desiderato.

② Modificate il punto di ancoraggio facendo clic sulle frecce direzionali: ricordate che facendo clic sulla freccia che indica la sinistra aggiungete parti di sfondo a destra dello scatto, a destra per il contrario e così via. Lasciate il punto di ancoraggio invariato se volete allargare lo sfondo in tutte le direzioni.

③ Quindi fate clic su OK.

Adesso l'immagine ha il formato desiderato ma l'area di lavoro aggiunta è vuota. Vediamo come riempirla allargando l'immagine senza alterare la barca.

① Selezionate l'immagine originale con lo strumento Selezione rettangolare.

② Selezionate Modifica > Scala in base al contenuto.

③ Aprite il menu a tendina Proteggi e selezionate barca.

④ Allargate l'immagine trascinando le maniglie della selezione fino a riempire il quadro.

⑤ Fate clic sul segno di spunta in alto a destra o premete Invio.

Figura 3.4 L'area vuota è stata riempita senza distorcere la barca.

> NOTA
>
> Il quadro corrisponde all'area modificabile dell'immagine. Il comando **Dimensione quadro** consente di aumentarne le dimensioni aggiungendo altro spazio di lavoro attorno all'immagine. Nella sezione **Ancoraggio** potete indicare il punto in cui posizionare l'immagine esistente nel nuovo quadro. Nel menu **Colore di estensione quadro** potete invece scegliere come riempire il nuovo spazio di lavoro.

Rimuovere elementi indesiderati

A volte ci sono elementi all'interno dell'inquadratura che distolgono l'attenzione o rovinano l'equilibrio compositivo. Eliminarli non è sempre facile perché l'area che lascerebbero vuota andrebbe riempita con uno sfondo coerente con ciò che gli sta attorno. Photoshop dispone di una serie di strumenti che riempiono automaticamente una selezione clonando l'area circostante.

In questo caso, per esempio, vediamo come eliminare il lampione che si trova proprio al centro della foto.

① Create un nuovo livello facendo clic sul secondo pulsante in basso a destra nel pannello Livelli.

② Selezionate il nuovo livello nel pannello Livelli e rinominatelo facendo doppio clic sul nome e digitando lampione.

③ Attivate lo strumento Toppa nella barra degli strumenti sotto lo strumento Pennello correttivo al volo.

④ Nella barra delle opzioni nel menu Rattoppo selezionate In base al contenuto.

⑤ Spuntate la casella Campiona tutti i livelli.

Adesso dovete indicare al programma quale area deve essere clonata per coprire il lampione. Capita spesso di non avere a disposizione un'area da clonare sufficientemente coerente per coprire tutto l'elemento indesiderato. Qui, per esempio, la parte difficile del lavoro è eliminare il palo davanti alle scritte. In questi casi selezionate l'oggetto un pezzo alla volta. Ogni parte ha bisogno di un'area simile più piccola, quindi è più facile trovarne una coerente. Iniziamo con la zona più facile, quella sopra il muro.

① Fate una selezione leggermente ampia attorno alla parte di lampione al di sopra del muro.

② Fate clic sulla selezione e trascinatela a sinistra, nella porzione di sfondo più simile. Cercate di far combaciare il più possibile i punti critici, come in questo caso il muro, quindi rilasciate il mouse.

③ Il programma clona l'area sorgente indicata e ne sposta il contenuto nel livello Lampione. In questo modo potete fare delle correzioni non distruttive ed eliminare i piccoli errori con lo strumento Gomma.

④ Per migliorare il riempimento potete provare le diverse opzioni del menu Adattamento nella barra delle opzioni partendo da Medio, che è un metodo predefinito. Con il metodo Molto rigoroso Photoshop applica un campionamento rigoroso della zona circostante, mentre con il metodo Molto tollerante tende a fondere maggiormente i due livelli. Con la selezione ancora attiva, potete provare le diverse modalità di adattamento e vederne gli effetti in tempo reale, in modo da verificare quale sia l'opzione migliore per la specifica situazione. Per vedere meglio l'effetto finale del riempimento potete nascondere temporaneamente la selezione facendo clic su Visualizza > Extra.

Avete visto come funziona lo strumento; adesso dovete ripetere le stesse operazioni anche per la parte bassa del lampione, una lettera alla volta.

① Rimanete sul livello lampione e selezionate il palo sopra la lettera e standogli più vicino possibile ma senza toccarlo.

② Trascinate la selezione a destra, in modo da campionare solo il muro e le tre aste orizzontali. In questo caso l'area da clonare è minima e le due selezioni si toccano, ma è sufficiente a raggiungere l'obiettivo.

Se il risultato non è soddisfacente, potete cambiare l'area di clonazione semplicemente trascinando la selezione con il mouse finché questa è attiva. Eliminate la selezione facendo clic su Deseleziona nel menu Selezione.

Figura 3.5 La foto senza il lampione.

La modalità In base al contenuto

Diversi strumenti e comandi utilizzano la modalità **In base al contenuto** che permette di clonare parti dell'immagine con estrema precisione.

Sposta in base al contenuto è uno strumento che a differenza di **Toppa > In base al contenuto** serve per spostare un oggetto invece che per eliminarlo. Anche in questo caso la selezione viene riempita clonando l'area circostante, ma la differenza è che viene contemporaneamente sovrascritta sopra all'area in cui la spostate. Il risultato è un vero e proprio spostamento dell'oggetto selezionato. Questo strumento è perfetto per esempio per spostare un albero da un lato all'altro del giardino. Lo trovate all'interno del pulsante **Pennello correttivo al volo**.

Anche con il comando **Riempi**, che trovate nel menu **Modifica**, è possibile scegliere l'opzione **In base al contenuto** nella finestra di dialogo. In questo caso la selezione attiva viene automaticamente riempita dal programma. Rispetto a questo comando, lo strumento **Toppa** in modalità **In base al contenuto** ha il vantaggio di avere più controllo sui calcoli di riempimento, perché quando trascinate la selezione indicate al programma quali aree campionare.

Migliorare la nitidezza

La nitidezza di un'immagine rappresenta il grado di accuratezza dei dettagli che contiene. Quando un'immagine è nitida, i dettagli sono chiari e la foto risulta più bella e vibrante. Con la fotografia digitale emerge spesso il problema della nitidezza, in quanto la tecnologia della fotocamera prima e le lavorazioni in post-produzione poi tendono ad ammorbidire i contorni dell'immagine per evitare che si vedano i pixel.

Per ovviare a questo problema Photoshop vi mette a disposizione una serie di filtri che trovate all'interno del menu Filtri > Nitidezza, il cui compito è quello di aumentare il contrasto dei dettagli dei bordi, in modo che l'occhio percepisca una maggiore nitidezza. Con questo comando è possibile anche migliorare la messa a fuoco di foto leggermente sfocate.

Ricordate sempre che i valori di nitidezza hanno un effetto completamente diverso sull'immagine a seconda della risoluzione e della dimensione. Quindi vi consiglio di applicare la nitidezza solo dopo aver eseguito la correzione del colore e scelto le dimensioni dell'immagine. Inoltre applicate la nitidezza usando un livello separato, in modo che sia sempre possibile modificarla, eliminarla o attenuarla.

Ricordate che l'aumento della nitidezza provoca effetti collaterali come aloni e rumore. Va quindi usato con parsimonia, cercando di limitare la sua azione alle aree che contengono i dettagli.

① Duplicate il livello di sfondo selezionando Duplica livello nel menu del pannello Livelli, assegnategli il nome nitidezza nella finestra di dialogo e fate clic su OK.

② Per visualizzare al meglio gli effetti della nitidezza portate lo zoom al 100%.

③ Nella barra dei menu selezione Filtro > Nitidezza > Nitidezza avanzata.

La finestra di dialogo vi permette di valutare gli effetti del filtro in tempo reale grazie all'anteprima. Vediamo come impostare i parametri.

① Il valore Raggio definisce il numero di pixel attorno al bordo a cui viene applicato il contrasto. Tenete questo valore basso per un effetto più realistico, come 1 px.

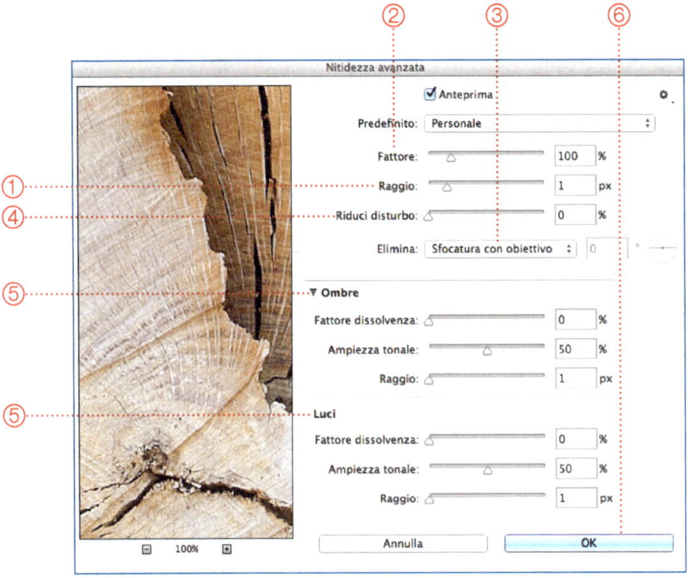

② Minore è Raggio maggiore deve essere Fattore per avere risultati apprezzabili; spostate verso destra il cursore fino a ottenere l'effetto desiderato.

③ Scegliete nel menu Elimina la voce Sfocatura con obiettivo, che rileva i bordi e i dettagli di un'immagine e ne rende più nitidi i particolari.

④ In Photoshop CC un'altra interessante opzione è Riduci disturbo, che permette di ridurre il rumore (cioè l'aumento di visibilità dei pixel dell'immagine) che emerge come effetto collaterale di questa lavorazione. Portate il cursore a 0 poi spostatelo fino a eliminare il rumore in eccesso.

⑤ Per una lavorazione più precisa potete aprire, sempre in Photoshop CC, le due sezioni Ombre e Luci, che permettono di agire sui singoli parametri.

⑥ Fate clic su OK.

Dopo pochi secondi l'elaborazione viene applicata all'immagine. Adesso dovete valutare bene gli effetti sulla foto, aumentando o diminuendo la nitidezza nel caso il risultato non fosse soddisfacente.

① Cambiate il metodo di fusione del livello nitidezza in Luminosità. In questo modo il filtro viene applicato solo alle aree di luminosità, che contengono i dettagli, evitando variazioni di colore lungo i bordi e proteggendo le aree di colore dalla formazione di aloni.

② Se non siete soddisfatti del risultato, potete velocemente modificare la nitidezza. Se il risultato è troppo morbido potete ripetere il comando aprendo il menu Filtro. La prima voce che vedete è Nitidezza avanzata, selezionatela perché vengano applicati nuovamente gli stessi valori che avete inserito al punto 3.

③ Se invece il risultato è eccessivo muovete verso sinistra il cursore Opacità del livello nitidezza nel pannello Livelli, fino a ottenere il risultato desiderato.

Recuperare una foto mossa

Se muovete la fotocamera al momento dello scatto il risultato sarà quasi sicuramente una foto mossa. Purtroppo questo è probabilmente il peggior errore che possiate fare in fase di ripresa, perché è praticamente impossibile da recuperare. Tuttavia, la buona notizia è che nella versione CC Photoshop ha introdotto un nuovo comando in grado di ridurre automaticamente la sfocatura causata dal movimento della fotocamera.

Scegliete **Filtro** > **Nitidezza** > **Riduzione effetto mosso**. Nella finestra di dialogo che si apre appare l'immagine corretta dopo che il programma ha individuato l'area di sfocatura migliore per definire la natura del movimento e ha ritoccato di conseguenza l'intera immagine.

Purtroppo non sempre è possibile recuperare il problema, i risultati migliori si ottengono con immagini con una buona illuminazione e poco disturbo.

Figura 3.6 Un'immagine mossa e il suo miglioramento nella finestra di dialogo Riduzione effetto mosso.

Sfocare lo sfondo

Spesso oggetti e persone presenti sullo sfondo di una foto rappresentano un elemento di disturbo, perché creano confusione attorno al soggetto principale. Per isolare il soggetto dallo sfondo si deve ridurre la profondità di campo, cioè la distanza davanti e dietro al soggetto che nella fotografia appare nitida: riducendo la profondità di campo tutto ciò che è attorno al soggetto diventa infatti sfocato. In questo modo potete accentuare l'attenzione solo sul soggetto principale, staccandolo da uno sfondo confuso.

In fase di ripresa si può ottenere questo risultato impostando il valore di diaframma più aperto possibile. Quando non è possibile, potete ricorrere ai filtri Sfocatura di Photoshop. Con Sfocatura diaframma potete modificare il campo focale della fotografia, sfumando gradatamente ciò che sta attorno al soggetto. Il risultato è molto simile a quello che si ottiene aprendo il diaframma della macchina fotografica.

① Duplicate il livello di sfondo selezionando Duplica livello nel menu del pannello Livelli e rinominatelo sfocatura. Solo in questo modo potete applicare una sfocatura non distruttiva dell'immagine, visto che i filtri di sfocatura vengono applicati direttamente ai pixel dell'immagine.

② Nella barra dei menu fate clic sulla voce Filtro > Sfocatura > Sfocatura diaframma.

Quando si apre la finestra di dialogo, sull'immagine è stato inserito un perno predefinito di sfocatura. Vediamo come regolare le impostazioni.

① Il perno centrale indica il punto focale. Per spostare l'area è sufficiente trascinare il perno con il mouse.

② La ghiera che circonda il perno regola l'intensità della sfocatura. Fate clic e trascinate la banda bianca per aumentare l'intensità. Se preferite potete impostare l'intensità anche nel pannello Strumenti sfocatura.

③ L'area al di fuori del cerchio viene completamente sfocata secondo il valore definito dal perno. Per rendere l'ellisse più o meno ovale trascinate le maniglie del cerchio; se invece volete ingrandire o rimpicciolire l'area trascinatene i bordi.

④ Infine se volete dargli una forma più squadrata trascinate il quadratino in alto a destra.

⑤ L'area tra il perno e il cerchio è l'area di dissolvenza, in cui la sfocatura viene applicata in maniera graduale. I quattro puntini all'interno di quest'area delimitano la zona di fuoco perfetto e l'inizio della sfocatura. Maggiore è lo spazio tra il cerchio e questi punti più morbida sarà la transizione.

Figura 3.7 Aggiungendo più perni di sfocatura potete raggiungere un risultato più preciso.

Se volete applicare una sfumatura più precisa potete aggiungere altri perni di sfocatura semplicemente facendo clic sull'immagine. In questo caso aggiungendo un perno sul petto è stato possibile fare una sfumatura precisa attorno alle spalle e una attorno ai volti.

Quando premete Invio la finestra di dialogo si chiude e il filtro viene applicato al livello nitidezza. Se volete accentuare la sfocatura potete ripetere il comando aprendo il menu Filtro: la prima voce in alto è l'ultimo filtro che avete applicato, quindi Sfocatura diaframma. Se la selezionate l'effetto del filtro viene raddoppiato. Se invece volete ammorbidire la sfocatura abbassate l'opacità del livello nitidezza.

Creare l'effetto miniatura

Osservando una fotografia vi può capitare di avere l'impressione che il soggetto sia un modellino perché tutto sembra molto più piccolo che nella realtà. In verità questa è solo un'illusione ottica, dovuta al cambiamento di profondità e prospettiva all'interno dell'immagine. Quest'illusione è detta *effetto miniatura* o effetto *tilt-shift*, dal nome delle lenti utilizzate per ottenere questo effetto. Per ottenere lo stesso effetto in post-produzione selezionate **Filtro** > **Sfocatura** > **Scostamento inclinazione** nella barra dei menu. In questo modo potrete applicare alle vostre immagini un effetto miniatura per dargli un tocco surreale.

Creare un semplice fotomontaggio

Un fotomontaggio è un'immagine formata dalla sovrapposizione di diverse fotografie. Gli utilizzi possibili sono infiniti: potete posizionare un soggetto su uno sfondo diverso, inserire particolari che non siete riusciti a scattare insieme o fondere immagini con diverse esposizioni o messe a fuoco per ottenere uno scatto perfetto.

Grazie ai livelli di Photoshop creare un fotomontaggio può essere veramente facile, visto che i livelli si comportano come una serie di strati indipendenti tra loro che si sovrappongono per restituire l'immagine finale. In questo tutorial vedremo come fondere due immagini per inserire particolari che non era possibile riprendere assieme.

Abbiamo due immagini: in una c'è un cucchiaino con dello yogurt, nella seconda sopra lo yogurt c'è una fragola, ma lo yogurt ha perso la sua forma perfetta. Inoltre nella seconda immagine parte dello sfondo è coperta da un cartoncino bianco che serve per sagomare il riflesso sul cucchiaio. Quindi, riassumendo, nel primo scatto abbiamo sfondo e yogurt, mentre nel secondo fragola e manico del cucchiaio.

Vediamo allora come costruire una composizione perfetta facendo un fotomontaggio di questi due scatti.

Figura 3.8 I due scatti da unire nel fotomontaggio.

Aprite entrambe le immagini in Photoshop quindi attivate il secondo scatto.

① Selezionate Duplica livello dal menu del pannello Livelli.

② Quando si apre la finestra di dialogo rinominate il livello fragola.

③ Scegliete l'altro file nell'elenco della sezione Destinazione > Documento e fate clic su OK.

A questo punto avete un unico documento con i due livelli. Per controllare che siano perfettamente sovrapposti abbassate l'opacità del livello fragola al 50% e controllate che gli elementi in comune combacino. Se così non fosse attivate lo strumento Sposta per farli corrispondere.

① Attivate lo strumento Selezione rapida e create una selezione attorno alle aree che volete rimangano visibili di questo scatto, cioè la fragola e il manico.

② Create una maschera sul livello fragola facendo clic sul pulsante Aggiunge una maschera di livello nel pannello Livelli. Il programma crea automaticamente una maschera che copre completamente il contenuto del nuovo livello a eccezione delle aree che avevate selezionato.

③ Se c'è bisogno di rifinire la maschera in alcuni punti attivate lo strumento Pennello e selezionate il bianco come colore di primo piano.

④ Passate il pennello nelle aree che volete rendere visibili, in modo da rivelare perfettamente la fragola e il riflesso sul cucchiaio. Se invece volete mascherare delle aree che dovevano restare coperte, cambiate il colore di primo piano in nero e passate il pennello.

Questa tecnica è molto utile quando fate fotografie con il cavalletto, ma la potete usare in molti casi cercando di tenere la fotocamera più ferma possibile, come nelle foto di gruppo: se avete più scatti potete sostituire un volto con gli occhi chiusi nello scatto migliore in cui tutti gli altri soggetti sono venuti bene. Oppure se fotografate un monumento ma ci sono dei turisti che occupano parte dell'inquadratura: aspettate che si spostino e usate i due scatti per rimuoverli completamente. Ma la stessa tecnica può essere usata anche con foto differenti. Per esempio, potete sostituire un cielo grigio di un panorama con il cielo azzurro di un'altra foto scattata in un'altra occasione. È solo un piccolo trucco ma vi può far risparmiare molto tempo in fase di ripresa, perché non dovete cercare la perfezione assoluta in un unico scatto, ma nella somma di più scatti che contribuiscono alla creazione di un'immagine perfetta.

Figura 3.9 Deserto grigio + cielo azzurro = deserto azzurro.

Come estendere la profondità di campo

La profondità di campo è lo spazio di messa a fuoco. In fase di ripresa è possibile aumentare la profondità tenendo conto di alcuni parametri, quali obiettivo, distanza dal soggetto e impostazione del diaframma. Ci sono però situazioni in cui, nonostante tutti gli sforzi, l'immagine non risulta sufficientemente nitida in ogni particolare, come accade spesso nella macrofotografia. Il comando Fusione automatica dei livelli può però aiutarvi a risolvere questo problema con un piccolo stratagemma.

Photoshop vi permette di fondere diversi scatti simili ma con piccole differenze di fuoco. Per fare questo naturalmente gli scatti devono essere uniformi a livello di illuminazione e inquadratura. Quindi posizionate la fotocamera su un cavalletto e realizzate più scatti, ognuno dei quali con la messa a fuoco su un dettaglio del soggetto. Maggiore è il numero di varianti scattate, maggiore è la probabilità di ottenere un effetto realistico.

Nel menu File selezionate la voce Script > Carica file in serie. La finestra di dialogo che si apre vi permette di selezionare i file dal vostro computer.

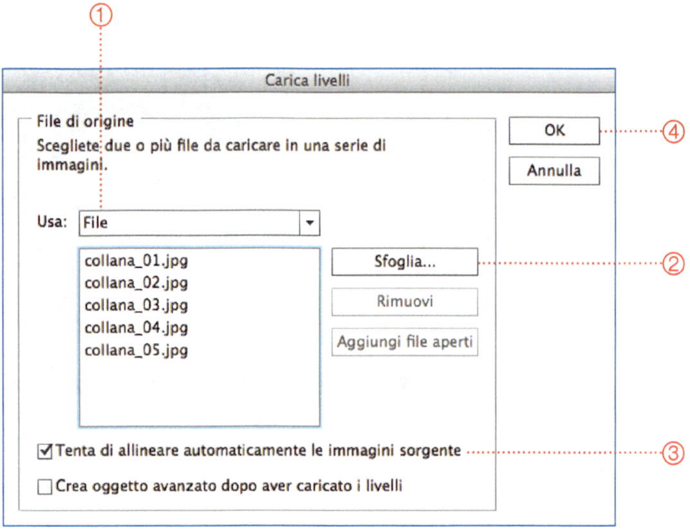

① Scegliete **File** nel menu **Usa**.

② Fate clic su **Sfoglia** per individuare e selezionare tutti gli scatti che avete fatto.

③ Spuntate la casella **Tenta di allineare automaticamente le immagini sorgente** per fare in modo che i file vengano allineati automaticamente tra di loro.

④ Fate clic su **OK**.

Gli scatti vengono così aperti tutti all'interno dello stesso file e posizionati ognuno su un livello separato.

① Selezionateli tutti nel pannello **Livelli** facendo clic sul primo in alto e poi sull'ultimo in basso mentre tenete premuto il tasto Maiusc.

② Aprite il menu Modifica e selezionate la voce Fusione automatica livelli.

③ Nella finestra di dialogo selezionate il pulsante d'opzione Crea serie di immagini.

④ Fate clic su OK.

NOTA

L'operazione richiede qualche secondo ed è tanto più lenta quanto maggiore è il numero di scatti che avete realizzato. Al termine, potete notare nel pannello **Livelli** che il programma ha estrapolato da ogni livello le parti a fuoco mascherando quelle poco nitide, restituendo una messa a fuoco perfetta di tutto il soggetto.

Figura 3.10 La fusione dei cinque scatti restituisce un'immagine completamente a fuoco.

NOTA

Il comando **Fusione automatica livelli** unisce più immagini allineandole e mascherando le aree con differenze di contenuto o esposizioni sbagliate, in modo da creare una composizione continua. Oltre che per aumentare la profondità di campo potete usare questa tecnica per fondere più immagini in cui l'esposizione è ottimale solo in un'area: in questo modo renderete l'esposizione più uniforme.

Capitolo 4

La luce e il colore

- Se la foto è troppo scura
- Se la foto è troppo chiara
- Correggere il bilanciamento
- Camera Raw
- Correggere le foto fatte con il flash
- Ottimizzare il contrasto
- Dare saturazione ai colori
- Convertire in bianco e nero
- Applicare effetti artistici alle fotografie
- Effetto ritratto desaturato
- Creare un effetto color splash
- Effetto vintage

Fotografare significa letteralmente scrivere con la luce. È infatti la luce che passando attraverso l'obiettivo imprime l'immagine sulla pellicola o sul sensore della macchina fotografica. In termini fisici anche il colore è una componente della luce. Una foto per essere tecnicamente buona deve prima di tutto passare l'esame della luce. Ma non è solo una questione tecnica; la luce è infatti il principale strumento creativo di cui disponete sia in fase di ripresa sia di post-produzione.

In fotografia la luce è tutto. La quantità di luce che entra nell'obiettivo determina la corretta esposizione, mentre il suo colore influisce sul bilanciamento. Se ci sono errori in questa fase della ripresa l'immagine risulterà di qualità scadente.

Anche da un punto di vista creativo la luce gioca un ruolo fondamentale. Al momento dello scatto, scegliere la direzione della luce sul soggetto determina quali aspetti vengono sottolineati. La luce frontale attenua ombre e difetti ma appiattisce i volumi, mentre la luce laterale li mette in risalto dando alla foto un effetto più drammatico; il controluce stacca il soggetto dallo sfondo ma lo rende scuro, mentre la luce radente mette in rilievo la texture delle superfici.

Anche in fase di post-produzione è possibile lavorare con la luce, sia per correggere gli errori sia per aggiungere elementi creativi alla fotografia. Il contrasto, per esempio, influisce sulle sensazioni che l'immagine suscita: un basso contrasto evoca morbidezza e delicatezza, mentre un alto contrasto evoca durezza e vigore. Attraverso il colore, inoltre, si possono creare atmosfere interessanti e dare alla foto nuove connotazioni, così come con il bianco e nero si possono esaltare forme e dettagli.

In questo capitolo imparerete come usare in post-produzione questo potentissimo strumento che è la luce, per correggere i difetti di ripresa ma anche per esaltare il soggetto.

Se la foto è troppo scura

La quantità di luce che passa attraverso l'obiettivo quando si scatta una foto è detta *esposizione*. Una fotografia è esposta correttamente quando il nero è nero, il bianco è bianco e i dettagli ben visibili sia nelle zone scure sia nelle zone chiare dell'immagine, in altre parole quando ciò che vedete nella foto corrisponde alla realtà. Quando invece risulta più scura, con ombre solide e senza dettagli visibili si definisce sottoesposta.

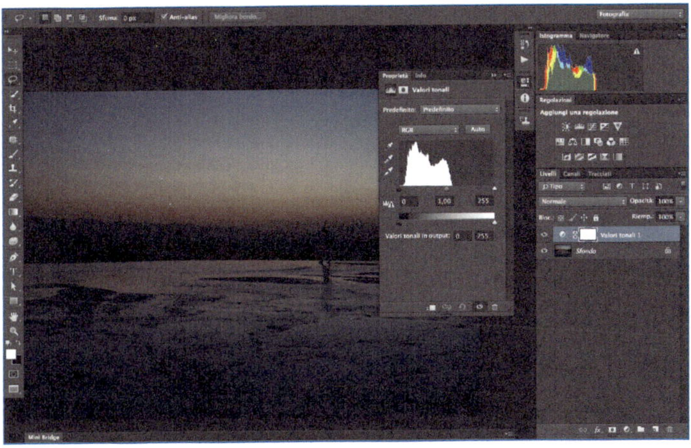

Figura 4.1 In una foto sottoesposta le ombre sono completamente nere, quindi poco distinguibili.

① Fate clic sul pulsante Valori tonali nel pannello Regolazioni.

② Si apre il pannello Proprietà. Questo pannello mostra le opzioni modificabili della regolazione appena selezionata.

③ Potete notare che nel pannello Livelli si è creato automaticamente un nuovo livello denominato Valori tonali sopra a quello di sfondo. In questo modo le modifiche non vengono fatte direttamente sull'immagine ma su un livello a parte, per eseguire una modifica non distruttiva e lasciare intatti i dati originali dell'immagine. Il livello di regolazione appena creato permette quindi di cambiare idea in qualsiasi momento, cambiando la regolazione o eliminandola.

④ Sotto il grafico che visualizzate nel pannello Proprietà (detto istogramma) ci sono tre cursori. All'estremità sinistra si tro-

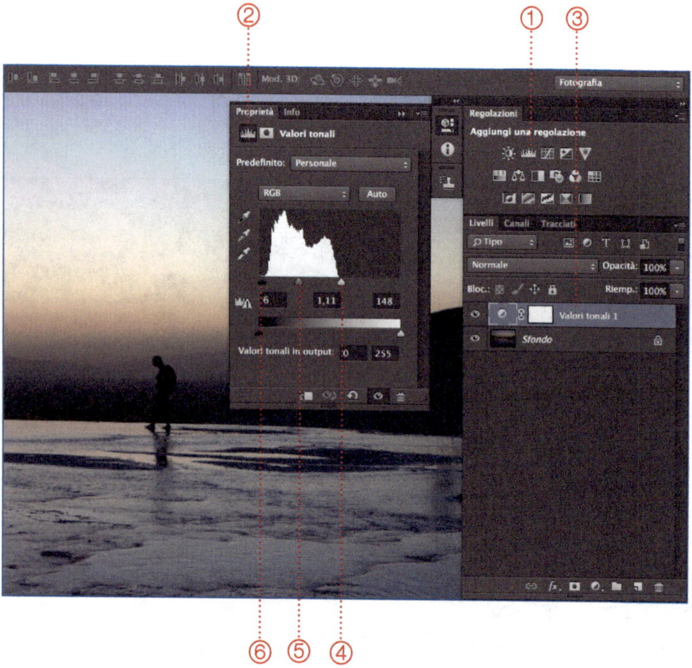

va quello che regola le ombre, al centro quello che regola i mezzitoni e a destra il cursore delle luci. Per rendere la foto più chiara e luminosa spostate il cursore bianco che regola le luci verso il centro. In questo modo alzate le luci. La casella sottostante vi indica numericamente il valore tonale appena modificato. Spesso è sufficiente arrivare a 230, ma se l'immagine è molto scura trascinate il cursore fino all'inizio dell'istogramma, come in questo caso.

⑤ Per rendere più chiare anche le ombre dovete spostare verso sinistra il cursore grigio dei mezzitoni che sta al centro. Procedete con cautela con questo comando perché mentre schiarisce la fotografia ne sbiadisce i colori e il contrasto.

⑥ Il cursore nero sulla sinistra serve a regolare le ombre. Agisce direttamente sulle aree scure e sui colori, quindi il suo effetto è sia di scurire l'immagine, sia di aumentare il contrasto e rendere i colori più saturi. Se dovete aumentare molto il valore dei mezzitoni per schiarire la vostra fotografia, spostate il cursore nero verso destra di 5-10 punti o comunque fino all'inizio dell'istogramma per renderla meno sbiadita.

Se la foto è troppo chiara

Quando una foto è sovraesposta appaiono troppo chiare le zone più luminose dell'immagine e i particolari non risultano visibili a causa della troppa luce. Proprio per questo motivo si dice che l'immagine è "bruciata" nelle aree troppo chiare.

Purtroppo non sempre le immagini sovraesposte sono recuperabili. Diciamo che esiste un tetto massimo di luminosità oltre il quale nessun intervento è possibile. Se le aree sovraesposte sono quasi bianche non c'è niente che si possa fare, perché la macchina fotografica in quelle aree non ha fisicamente registrato sufficienti informazioni da permettere una lavorazione in post-produzione. Se invece l'immagine è chiara ma non bruciata, è possibile abbassare la luminosità generale e in questo modo recuperare le zone troppo chiare.

Come per le foto sottoesposte, anche per correggere quelle sovraesposte si può lavorare con il comando Valori tonali. L'unica differenza è che dovete spostare il cursore nero e non quello bianco, mentre il cursore del grigio va mosso verso destra invece che verso sinistra. Si ottiene però un buon risultato in maniera molto più veloce lavorando con i metodi di fusione dei livelli.

① Fate clic sul pulsante Valori tonali nel pannello Regolazioni.

② Si apre automaticamente il pannello Proprietà, ma visto che non avete bisogno di fare alcuna modifica lo potete chiudere facendo clic sulla doppia freccia in alto sulla destra.

③ Aprite il menu dei metodi di fusione con un clic. Quello predefinito è Normale, ma qui selezionate la voce Moltiplica. Questa semplice azione scurisce la foto e rende i colori più saturi.

④ Se l'effetto della modifica è eccessivo non dovete far altro che abbassare l'Opacità del livello Valori tonali. Spostate il cursore opacità verso sinistra fino a raggiungere il risultato desiderato.

I metodi di fusione

Il metodo di fusione è la maniera con cui un livello viene sovrapposto agli altri livelli, cioè il modo in cui i suoi pixel si fondono con i pixel sottostanti. Se aprite il menu a tendina la prima cosa che notate è che i metodi sono divisi in gruppi. Ogni gruppo riunisce i metodi che assolvono funzioni simili, a parte il primo: il secondo gruppo scurisce, il terzo schiarisce, il quarto contrasta, il quinto compara e il sesto regola il colore.

Alcuni dei metodi di fusione più utilizzati per ritoccare le immagini sono **Moltiplica**, che ha l'effetto di scurire l'immagine, **Scolora**, che la schiarisce, **Sovrapponi**, che aumenta il contrasto, **Colore**, che permette di cambiare un colore senza alterare la luminosità, e **Luminosità**, che aumenta la luminosità senza modificare i colori.

Anche nella barra delle opzioni dello strumento **Pennello** è possibile scegliere i metodi di fusione. Questo menu è una variazione di quello offerto dal pannello **Livelli**: mentre i metodi livello mescolano i colori tra i vari livelli, i metodi pennello mescolano il colore del singolo livello con il colore di primo piano nelle aree su cui passate il pennello.

Figura 4.2 Con la giusta esposizione l'immagine risulta più incisiva.

Correggere il bilanciamento

Forse non ci avete mai fatto caso, ma la luce è colorata. Ogni fonte luminosa ha infatti una dominante di colore che varia in base alla temperatura con cui emette la luce. Per esempio, il sole emette una luce blu, mentre le lampadine emettono una luce gialla. A occhio nudo non ce ne accorgiamo perché il nostro occhio automaticamente bilancia le luci, cioè neutralizza le dominanti di colore facendoci vedere per esempio un foglio bianco indipendentemente da come è illuminato. Le macchine fotografiche non sono però così evolute. Attraverso il bilanciamento automatico la macchina misura il colore della luce e si regola automaticamente, ma a volte questo non è sufficiente e il risultato è una fotografia dai colori innaturali. In questi casi è necessario fare un nuovo bilanciamento del bianco in post-produzione.

La prima possibilità che avete per correggere questo problema è quella di utilizzare i comandi automatici. Selezionate Immagine > Colore automatico dalla barra dei menu. Il risultato è spesso abbastanza buono, ma fate attenzione perché in questo modo lavorerete direttamente sull'immagine originale, distruggendone parte dei dati. Questo significa che perderete in qualità e che non potrete più tornare indietro! La soluzione migliore è quella di effettuare un bilanciamento non distruttivo attraverso un livello di regolazione con il comando Valori tonali. Tramite il contagocce potete infatti leggere i valori tonali della fotografia in un'area specifica e adattare il bilanciamento di tutta l'immagine in modo che quel punto risulti neutro.

① Nel pannello Regolazioni, fate clic sull'icona Valori tonali.

② Si apre automaticamente il pannello Proprietà. A sinistra dell'istogramma potete vedere tre contagocce, dall'alto verso il basso nero, grigio e bianco. Attivate il contagocce grigio facendo clic sul pulsante centrale.

③ Per avere una lettura più completa da parte dello strumento Contagocce dovete modificare le impostazioni predefinite nella barra delle opzioni nel menu a comparsa Campione. L'impostazione predefinita è Punto campione; ciò significa che il programma legge solo le informazioni di un singolo pixel. Selezionate Media 3×3. In questo modo avete una lettura media dell'area di campionamento, per evitare che il programma legga dati alterati da rumore, difetti o altro.

④ Cercate all'interno dell'immagine un'area che dovrebbe essere di colore grigio neutro ma che appare di un colore strano a causa del cattivo bilanciamento. Usando questo strumento indicate che il punto che selezionate all'interno dell'immagine dovrebbe essere grigio neutro, di conseguenza il programma adatterà il bilanciamento dell'intera immagine per ottenere questo risultato. In questo caso, per esempio, le pieghe in ombra delle vesti risultano gialle. Fate clic sul punto individuato. Se il risultato non vi piace fate clic su altre aree di grigio finché non avrete trovato quella giusta.

Figura 4.3 La dominante gialla è stata corretta attraverso il bilanciamento.

A volte il risultato può non essere perfetto, soprattutto quando ci sono diverse sorgenti luminose. In questo caso potete vedere sia la luce gialla delle lampade a incandescenza che illumina la parte centrale del tempio sia la luce blu del sole che entra dalle finestre dietro il pubblico. Se osservate l'immagine noterete che anche se le gonne sono adesso del giusto colore l'immagine nel complesso risulta bluastra.

Per cercare il giusto equilibrio potete semplicemente abbassare l'opacità del livello di regolazione **Valori tonali** che avete appena creato. Attivate il cursore **Opacità** dal pannello **Livelli** e spostatelo verso sinistra. In questo caso con un'opacità del 60% si ottiene un buon equilibrio con una tonalità piacevolmente calda.

Figura 4.4 Il giusto equilibrio delle luci produce il risultato migliore.

NOTA

Le correzioni sul bilanciamento apportate sui file in formato JPG causano spesso una notevole perdita di qualità dell'immagine e non sempre raggiungono risultati ottimali. Per questo motivo è particolarmente importante che prestiate attenzione a questo fattore quando scattate. Molte macchine fotografiche oggi vi danno però la possibilità di scattare in RAW, un file grezzo che permette di apportare regolazioni migliori senza perdere la qualità dei dettagli. Se avete una macchina che scatta in RAW scegliete questa opzione dal menu e vedrete che non ne rimarrete delusi.

Camera Raw

I file RAW sono il corrispettivo digitale dei negativi su pellicola. Sono file grezzi che, a differenza di TIFF e JPEG, non contengono impostazioni automatiche di miglioramento applicate dal processore della fotocamera. Questo vi dà la possibilità di intervenire in post-produzione su numerose variabili come esposizione e bilanciamento con ottimi risultati e senza rischiare perdita di qualità nel file. Inoltre quando modificate un'immagine da fotocamera in formato RAW, i dati originali vengono sempre conservati.

Per lavorare e convertire il file RAW Photoshop utilizza Adobe Camera Raw, un plug-in specifico per la regolazione tonale e del colore. Per utilizzarlo basta fare doppio clic su un file RAW. Nonostante il nome, Camera Raw può modificare più tipi di file, come JPEG e TIFF, dandovi così la possibilità di utilizzare una serie di strumenti più precisi su tutte le vostre immagini. In Photoshop CC Camera Raw è disponibile anche come filtro. È sufficiente selezionare Filtro > Filtro Camera Raw dalla barra dei menu. Nelle versioni precedenti occorre invece aprire il file con il comando File > Apri e quando si apre la finestra di dialogo selezionare Camera Raw nel menu Formato, scegliere la foto nel computer e fare clic su OK.

L'elaborazione RAW è un'arte raffinata che richiederebbe da sola un libro intero. Per questo motivo in questo libro non verranno trattate molte importanti funzioni ma ci limiteremo a fare una breve panoramica su Camera Raw per illustrare le funzioni principali della finestra di dialogo. I risultati possono essere decisamente migliori di quelli raggiunti con Photoshop anche su file JPEG, quindi vale la pena fare una prova. Se volete approfondire l'argomento vi consiglio *Fotografia RAW con Photoshop* di G. Volker, edito da Apogeo.

① Se aprite più file RAW visualizzate sulla sinistra le miniature di tutte le fotografie in formato filmstrip.

② In alto sopra l'immagine trovate la barra degli strumenti.

③ Sotto l'istogramma sulla destra ci sono le schede per la regolazione dell'immagine. La prima sulla sinistra è la scheda Base e vi trovate i comandi più importanti per la regolazione

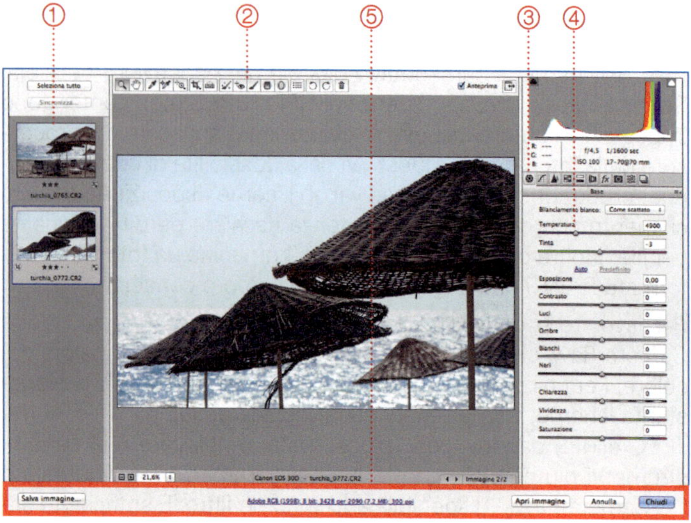

tonale e cromatica. Si apre in automatico all'avvio di Camera Raw; se volete passare a un'altra scheda dovete solo fare clic sopra la relativa linguetta.

④ Ogni scheda dispone di diversi comandi che vengono visualizzati sotto forma di cursori.

⑤ In basso trovate i pulsanti per gestire il file. Da destra verso sinistra trovate prima **Chiudi**: facendo clic su questo pulsante l'immagine viene chiusa ma le modifiche fatte rimangono memorizzate in un file collaterale con estensione `.xmp`. Invece facendo clic su **Annulla** viene chiusa senza salvare le modifiche. Con **Apri immagine** il file viene aperto in Photohop per poter continuare la post-produzione. Infine con **Salva immagine** si apre la finestra di dialogo che vi permette di selezionare la cartella di destinazione nel vostro computer e altri parametri come formato e dimensione.

Tutti i principali parametri di regolazione tonale e cromatica della foto si trovano all'interno della scheda **Base**. Basta controllare pochi comandi per fare una conversione ottimale della fotografia.

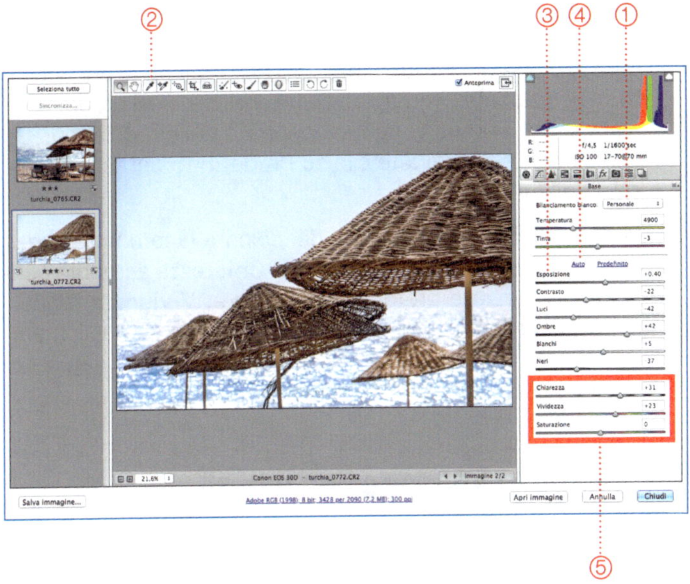

① Fate clic sul menu **Bilanciamento bianco** per selezionare una delle opzioni disponibili. Se avete scattato in RAW, oltre ad **Automatico** e **Personale** trovate altre opzioni suddivise per sorgente luminosa.

② Per una regolazione più personalizzata potete usare lo strumento **Bilanciamento bianco**: selezionatelo dalla barra degli strumenti e fate clic su un'area della foto che dovrebbe essere grigia o bianca. Questo strumento funziona come il contagocce di **Valori tonali**, ma è molto più preciso.

③ Il comando **Esposizione** regola la luminosità generale dell'immagine. Per esempio, spostare il cursore verso destra fino a **+1,00** equivale ad aumentare l'esposizione di uno stop (se avete una macchina manuale, questo significa che è come se aveste aperto il diaframma di uno stop in più durante la ripresa). Regolate il cursore fino a ottenere un'immagine con la giusta luminosità.

④ Sotto Esposizione trovate altri cursori che concorrono all'ottimizzazione delle tonalità della foto. Nella parte superiore della sezione dei controlli dei toni trovate il comando Auto. Se lo selezionate l'immagine viene analizzata dal programma e automaticamente vengono apportate delle regolazioni. Se non siete soddisfatti fate clic su Predefinito per tornare alla situazione originale.

⑤ Per modificare la saturazione dei colori e la loro brillantezza usate gli ultimi tre cursori in basso. Chiarezza aumenta contrasto, nitidezza e profondità del colore. Vividezza rende i colori più brillanti, agendo in particolar modo su quelli meno saturi. Saturazione regola invece in egual modo la saturazione di tutti i colori nell'immagine.

Correggere le foto fatte con il flash

In condizioni di scarsa luminosità generale il flash è spesso l'unica soluzione per aumentare la luce. L'utilizzo del flash però ha anche degli effetti indesiderati piuttosto evidenti, soprattutto nelle situazioni al chiuso o di notte. Il problema principale è la differenza di luce che si crea tra i soggetti in primo piano e lo sfondo. È piuttosto frequente infatti che i soggetti in primo piano risultino sovraesposti, mentre lo sfondo in secondo piano rimane completamente buio. Inoltre il colore della luce del flash è simile a quella del sole, quindi è quasi sempre più freddo di quello della luce ambientale. Questo rende i soggetti in primo piano bluastri rispetto allo sfondo.

① Fate una selezione attorno ai soggetti con lo strumento Selezione rapida. Nella barra delle opzioni selezionate il comando Migliora bordo.

② Quando si apre la finestra di dialogo impostate le opzioni per isolare con precisione i soggetti dallo sfondo. Nella sezione Rilevamento bordo spostate verso destra il cursore Raggio fino a ottenere un buon risultato.

③ Controllate che nella sezione Output nel menu Output in sia attiva l'opzione Selezione e fate clic su OK.

Quando la finestra si chiude appare la selezione sui soggetti. Adesso vediamo come trasformarla in maschera per limitare le regolazioni all'area selezionata.

① Fate clic sul comando **Filtro fotografico** nel pannello **Regolazioni**. In questo modo il comando viene applicato in un livello separato che agisce solo sull'area selezionata, mentre il resto della fotografia rimane mascherato.

② Cambiate il metodo di fusione in **Moltiplica** per scurire la selezione.

③ Abbassate l'**Opacità** del livello fino a ottenere un'esposizione dei soggetti coerente con l'ambiente circostante.

In questo modo abbiamo corretto l'esposizione. Adesso vediamo come scaldare il colore della luce sui soggetti.

① Fate doppio clic sulla miniatura del livello **Filtro fotografico 1** per aprire il relativo pannello **Proprietà**.

② Nel menu **Filtro** scegliete la voce **Filtro più caldo (85)**. Il parametro **Filtro fotografico** simula i filtri colorati che si posizionano davanti all'obiettivo per regolare il bilanciamento. Scegliendo un tono caldo avete neutralizzato la luce bluastra del flash che illuminava i soggetti principali.

③ Spostate il cursore **Densità** verso destra fino a raggiungere un colore coerente con l'ambiente circostante.

Ottimizzare il contrasto

In fotografia il contrasto definisce la differenza tra le parti chiare e scure. Se la differenza è netta l'immagine risulta contrastata. Se invece si ha una predominanza dei toni intermedi, cioè dei grigi, si ha poco contrasto. Se non c'è abbastanza contrasto la fotografia ha un aspetto piatto, come se fosse velata di grigio. Questa situazione si verifica soprattutto quando si scatta con il cielo nuvoloso, che ammorbidisce ombre e luci.

Aumentando il contrasto è possibile far emergere maggiormente le forme, le texture e anche la saturazioni dei colori, rendendo così l'immagine più incisiva e vibrante. Per migliorare il contrasto con Photoshop una delle tecniche più facili e veloci è quella della curva a S. Il comando Curve è uno strumento molto versatile e performante per migliorare luminosità, contrasto e colore di una fotografia. Modificando l'andamento della curva della luminosità è infatti possibile avere un controllo delle tonalità più preciso e puntuale rispetto a qualsiasi altro strumento di regolazione.

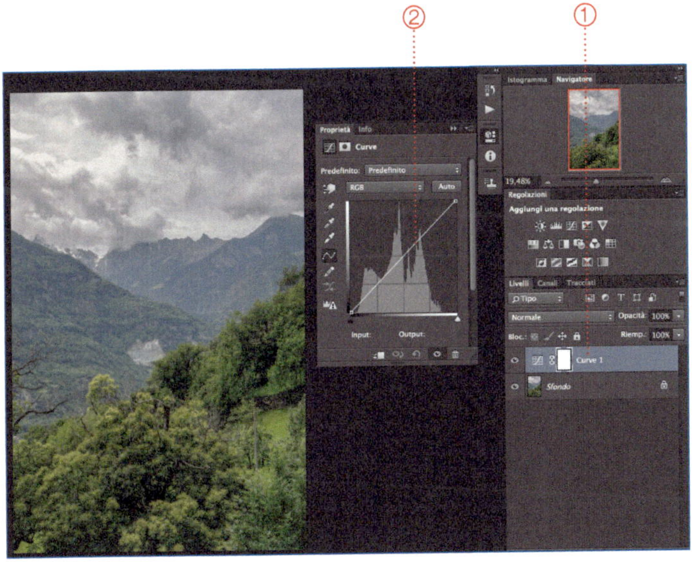

① Attivate un nuovo livello di regolazione **Curve** dal pannello **Regolazioni** (il terzo pulsante sulla prima riga).

② Sul pannello **Proprietà** appare un diagramma con una linea diagonale che rappresenta la luminosità: nell'angolo in basso a sinistra c'è il nero, al centro ci sono i toni medi e in alto a destra le alte luci.

Vediamo ora come dare un andamento a S alla curva.

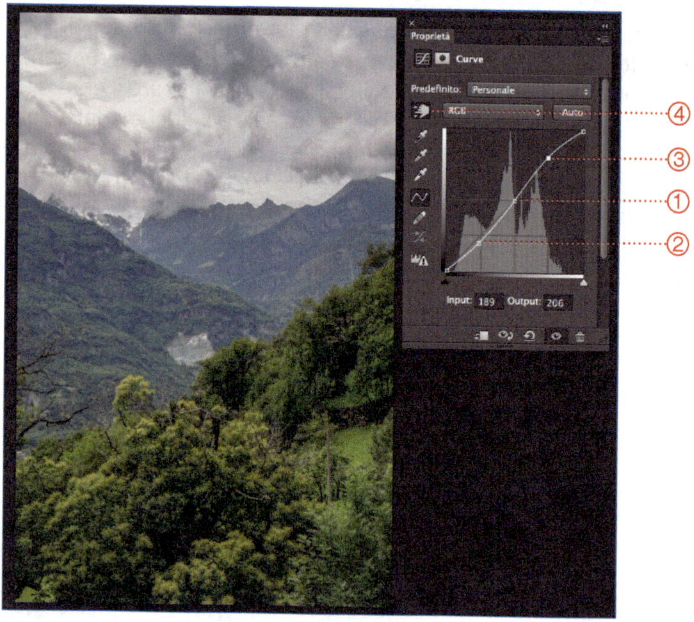

① Fate clic sui tre punti in cui la curva della luminosità incrocia la griglia.

② Trascinate con il mouse il punto inferiore verso il basso per scurire le aree di ombra.

③ Trascinate invece verso l'alto il punto superiore per schiarire le aree luminose. In questo modo avete dato alla diagonale un andamento a S che rende la foto più contrastata. Se volete aumentare il contrasto non dovete far altro che aumentare la distanza tra i punti.

④ Se non siete ancora completamente soddisfatti del risultato potete anche agire su specifiche aree tonali con lo strumento di regolazione sull'immagine. Selezionate il pulsante nel pannello Proprietà. Fate clic sulle aree da regolare all'interno della foto. Trascinate il cursore verso il basso per scurire le aree che hanno bisogno di più profondità, come in questo caso le montagne sullo sfondo e le nuvole più scure. Per rendere le nuvole bianche più luminose dovete invece fare clic sull'immagine e trascinare il cursore verso l'alto. Automaticamente vengono inseriti dei punti di controllo lungo la curva che ne modificano l'andamento per regolare l'area scelta.

Dare saturazione ai colori

Anche se è corretta da un punto di vista tecnico, un'immagine spenta non risulta gradevole perché l'occhio è attratto maggiormente dai colori vivaci. Oltre all'aumento del contrasto, un'altra azione per rendere più incisiva un'immagine un po' spenta è la correzione della saturazione e della tonalità dei colori. Questo procedimento è utile sia nei casi in cui la foto ha bisogno di ulteriori regolazioni cromatiche dopo aver regolato il contrasto, sia nei casi in cui non occorre regolare il contrasto ma solo ottimizzare i colori.

Per rendere i colori di una fotografia più vivaci si può lavorare sulla saturazione, cioè sull'intensità del colore. Un colore molto saturo risulta vivido; se la saturazione diminuisce il colore diventa più spento, fino a diventare grigio se la saturazione viene completamente annullata.

Photoshop dispone di due comandi per modificare la saturazione di un'immagine, Saturazione e Vividezza. Mentre Saturazione agisce su tutti i colori in egual misura, Vividezza agisce solo sui colori che sono poco saturi, in modo da rendere più brillanti solo i colori più pallidi, mentre quelli già brillanti vengono lasciati invariati per evitare che diventino innaturali. Generalmente quindi Vividezza restituisce un risultato più realistico e gradevole. Inoltre mantiene i toni dell'incarnato più naturali, quindi è migliore nei ritratti. Per una regolazione cromatica dell'intera immagine è sempre preferibile utilizzare questo comando piuttosto che Saturazione.

① Fate clic sul comando Vividezza nel pannello Regolazioni per creare un livello di regolazione.

② Nel pannello Proprietà spostate il cursore Vividezza verso destra fino a ottenere i colori della brillantezza desiderata (potete vedere il risultato nell'immagine successiva).

La fotografia risulta adesso molto più vivace. In questa immagine però, oltre a una regolazione cromatica generale, c'è bisogno di una correzione mirata di alcuni colori che risultano spenti rispetto agli altri. Il verde dei piccioli, per esempio, è ingiallito e poco brillante. Vediamo come correggere questo intervallo di colore.

① Fate clic su Tonalità/Saturazione nel pannello Regolazioni. Tonalità/Saturazione consente di regolare tonalità, saturazione e luminosità di uno specifico intervallo di colori in un'immagine o di regolare contemporaneamente tutti i colori di un'immagine.

② Nel pannello Proprietà avete a disposizione tre cursori che agiscono sul colore: Tonalità modifica la tinta, Saturazione ne modifica la purezza, mentre Luminosità regola la quantità di bianco e nero al suo interno.

③ Fate clic sul menu a tendina per scegliere l'intervallo colore su cui agire. Quando si apre il livello di regolazione il predefinito nel menu a tendina è Composita. Con questa opzione attiva, le regolazioni che apportate con i cursori agiscono su tutti i colori.

④ Per scegliere l'intervallo colore direttamente dall'immagine attivate invece lo strumento di regolazione sull'immagine. In questo modo viene impostato automaticamente il colore prevalente nell'area che andate a selezionare.

⑤ Fate clic sulle foglie. Nel menu a tendina viene selezionato Gialli perché la percentuale di giallo all'interno del colore delle foglie è maggiore di quella di verde. Per questo motivo risultano così ingiallite. Trascinate il cursore verso destra per aumentare leggermente la saturazione.

⑥ Spostate il cursore Tonalità verso destra per modificare la tinta e renderla più verde. I valori visualizzati nella casella corrispondono ai gradi di rotazione sulla ruota dei colori rispetto al colore originale del pixel.

⑦ Spostate il cursore Luminosità verso sinistra per rendere il colore più pieno.

Convertire in bianco e nero

In certe situazioni anche il bianco e nero è in grado di dare maggiore impatto e incisività a una fotografia che a colori potrebbe apparire meno interessante. Questo perché eliminando il colore il nostro occhio è più sensibile alla luce e percepisce con più attenzione le aree di contrasto e gli elementi dell'inquadratura. In questo senso il bianco nero riesce a mettere in risalto le forme e le tonalità del soggetto. Se dovete convertire un'immagine in bianco e nero potete utilizzare il comando Bianco e nero.

Figura 4.5 Una foto dai colori un po' spenti può risultare più interessante se convertita in bianco e nero.

① Fate clic sul comando Bianco e nero nel pannello Regolazioni.

② Automaticamente il programma apre un nuovo livello di regolazione e converte l'immagine in bianco e nero. Nel pannello Proprietà appare un miscelatore colore, con cui potete regolare manualmente la conversione. Usando i cursori dei colori regolate i toni di grigio colore per colore. Trascinate i cursori verso sinistra per scurire i toni di grigio del colore originale dell'immagine o verso destra per schiarirli.

③ Aprendo il menu Predefinito potete applicare delle regolazioni automatiche che agiscono su tutti i canali, simulando anche l'effetto di alcuni filtri fotografici.

④ Per regolare aree specifiche dell'immagine selezionate lo strumento di regolazione e fate clic nell'immagine. Trascinate verso sinistra o destra il cursore per modificare il colore predominante nell'area selezionata, in modo da scurirla o schiarirla.

A questo punto se volete potete sperimentare dei viraggi di colore sull'immagine. Il viraggio è la colorazione di una foto in bianco e nero. Questa tecnica può dare all'immagine maggiori connotazioni, rendendola più caratteristica. Il viraggio più diffuso probabilmente è quello color seppia, che conferisce alla fotografia un tocco più antico.

① Selezionate l'opzione Tinta nel pannello Proprietà.

② Fate clic sulla casella colore accanto per scegliere la tonalità del viraggio nella finestra di dialogo Selettore colore (colore tinta). Per un viraggio seppia scegliete un arancio molto chiaro.

Applicare effetti artistici alle fotografie

I filtri sono degli strumenti che permettono di applicare degli effetti alle immagini in modo automatico. Consentono di apportare una ampia gamma di modifiche all'immagine e possono essere divisi in due gruppi: da una parte i filtri correttivi, che servono a migliorare determinati aspetti tecnici dell'immagine, come nitidezza e sfocatura; dall'altra parte i filtri distruttivi, che invece agiscono sull'immagine trasformandola completamente. Fanno parte di questo secondo gruppo anche i filtri effetto, cioè quelli che applicano effetti artistici alle foto. Trovate tutti i filtri all'interno del menu **Filtro** nella barra dei menu. L'applicazione di un filtro può richiedere molto tempo se lavorate su immagini molto grandi o se il vostro computer è poco performante. Per semplificarne l'utilizzo Photoshop apre una finestra di dialogo dove impostare le opzioni del filtro e visualizzarne l'effetto nell'anteprima. Ricordate sempre che i filtri agiscono direttamente sui pixel dell'immagine, quindi per applicare delle modifiche non distruttive è necessario lavorare su un livello duplicato.

Attraverso l'utilizzo dei filtri è possibile applicare degli effetti artistici che danno all'immagine le sembianze di un quadro o di un acquarello. La **Galleria filtri** è una raccolta di numerosi filtri per effetti speciali, tutti disponibili all'interno di un'unica finestra di dialogo per rendere più facile la ricerca del giusto effetto. Potete applicare più filtri, modificarne l'ordine o attivarli e disattivarli. Anche se non tutti i filtri elencati nel menu **Filtro** sono disponibili in **Galleria filtri**, la navigazione all'interno della finestra di dialogo rende la ricerca di un effetto artistico particolarmente divertente.

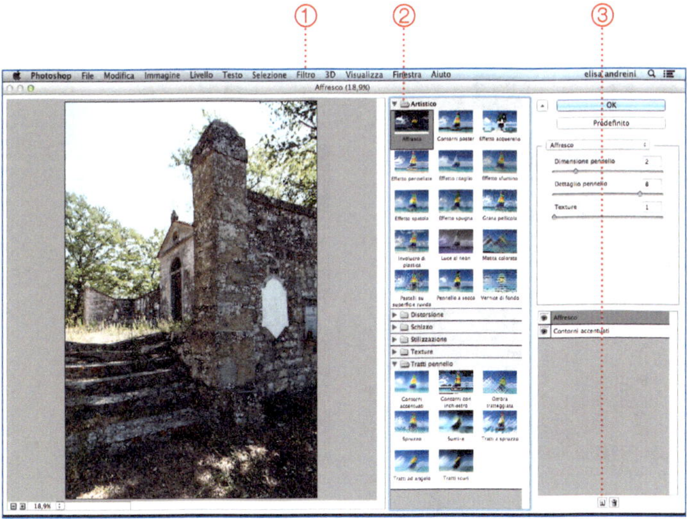

① Per aprire la finestra di dialogo fate clic su Filtro > Galleria filtri.

② Nella finestra di dialogo i filtri sono suddivisi in cartelle per categoria. All'interno di ogni cartella sono visualizzate le miniature di ogni filtro.

③ I filtri applicati vengono inseriti nell'elenco in basso a destra. Per aggiungere un nuovo effetto fate clic su Nuovo livello effetti.

Vediamo adesso i principali gruppi di filtri.

① Con i filtri della cartella Artistico potete ottenere effetti pittorici e artistici.

② I filtri Distorsione distorcono l'immagine, rimodellandola o creando effetti 3D. Solo alcuni di questi filtri possono essere attivati dalla galleria, per gli altri dovete selezionare Filtri > Distorsione.

③ I filtri Schizzo possono essere utilizzati per creare disegni che sembrano fatti a mano o per aggiungere texture. Molti di questi filtri utilizzano i colori di primo piano e di sfondo.

④ I filtri Stilizzazione identificano e aumentano il contrasto dei bordi dell'immagine. Nella galleria trovate solo Bordi brillanti.

① ②

① I filtri Texture aggiungono una trama o grana all'immagine.

② I filtri Tratti pennello danno un aspetto pittorico alla foto, simulando diversi tratti di pennello o inchiostro.

Effetto ritratto desaturato

Una tecnica molto diffusa per dare ai ritratti un tono più ricercato è quello di desaturare l'immagine, rendendo i colori più morbidi e i dettagli più contrastati. Basta sfogliare una rivista per rendersi conto di quanto questa tecnica sia di moda. Grazie ai metodi di fusione è possibile creare questo effetto in pochi semplicissimi passi.

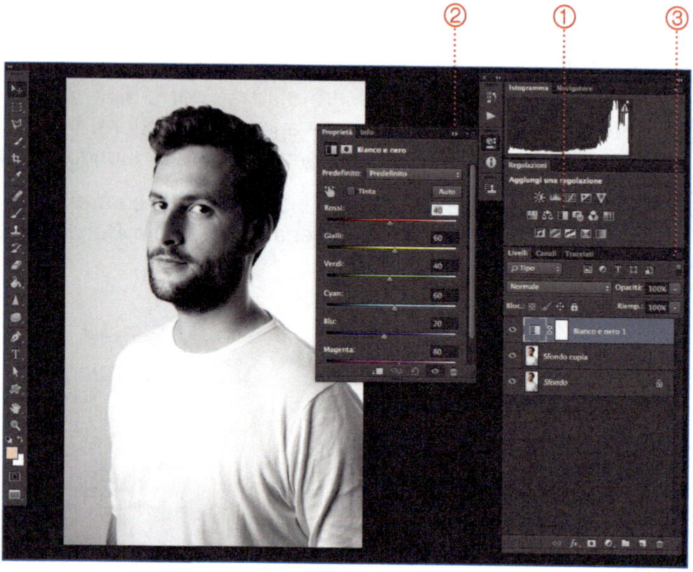

① Nel pannello **Regolazioni** selezionate **Bianco e nero** (il terzo pulsante nella seconda riga) per convertire l'immagine a colori in bianco e nero.

② Chiudete il pannello **Proprietà** facendo clic sulla doppia freccia in alto a destra, perché non avete bisogno di applicare alcuna regolazione.

③ Selezionate il livello **Sfondo** nel pannello **Livelli**, aprite il menu del pannello e selezionate **Duplica livello**, quindi fate clic su **OK** nella finestra di dialogo.

Adesso vediamo come creare l'effetto desaturazione grazie ai metodi di fusione dei livelli.

① Cambiate l'ordine dei livelli trascinando il livello **Sfondo copia** in cima alla pila dei livelli.

② Cambiate il metodo di fusione da Normale a Luce soffusa. In questo modo i colori appaiono desaturati, le ombre sono più chiuse e le luci più chiare. L'effetto è quello di enfatizzare le espressioni del volto eliminando le informazioni non essenziali.

③ Per dare ancora maggiore risalto ai punti chiave della foto, come per esempio gli occhi o il sorriso, è possibile ripristinare la saturazione di questi dettagli mascherando i due livelli appena creati. Aggiungete una maschera di livello facendo clic sul pulsante Aggiunge una maschera di livello in fondo al pannello Livelli.

④ Attivate lo strumento Pennello nella finestra degli strumenti. Scegliete nella barra delle opzioni una punta abbastanza piccola e morbida che vi permetta di dipingere solo l'iride e la pupilla.

5. Fate clic sul pulsante Imposta il colore di primo piano nella finestra degli strumenti e scegliete il nero nella finestra di dialogo Selettore colore.

6. Passate il pennello sugli occhi. Così facendo gli occhi diventano grigi perché avete appena mascherato il livello che crea l'effetto desaturato.

7. Per farli diventare a colori premete Alt e trascinate la miniatura della maschera del livello Sfondo copia sopra a quella del livello Bianco e nero e fate clic su Sì quando la finestra di dialogo vi chiede se volete sostituire la maschera. In questo modo copiate la maschera del primo livello sul secondo. Il livello Bianco e nero viene mascherato sugli occhi, che ora vedete di nuovo a colori.

NOTA

In molte fotografie professionali noterete che la desaturazione è applicata in maniera meno forte. Se volete ammorbidire questo effetto basta abbassare l'opacità. Nel pannello **Livelli** selezionate i due livelli appena creati e spostate il cursore **Opacità** verso sinistra fino a raggiungere l'effetto desiderato. Così facendo le modifiche di opacità apportate a un livello saranno applicate in ugual misura anche all'altro.

Creare un effetto color splash

L'effetto color splash consiste nella desaturazione selettiva dell'immagine, cioè nella conversione in bianco e nero dell'intera immagine fatta eccezione per una tonalità selezionata che rimane a colori.

Per ottenere questo risultato in modo semplice si possono usare i metodi di fusione. I metodi di fusione permettono di sovrapporre il contenuto di un livello con quelli sottostanti, cioè determinano il modo in cui i relativi pixel si fondono. Il risultato è un livello diverso dai due precedenti.

1. Create un nuovo livello di regolazione Bianco e nero facendo clic sul relativo pulsante nel pannello Regolazioni. In questo modo tutta l'immagine viene convertita in bianco e nero.

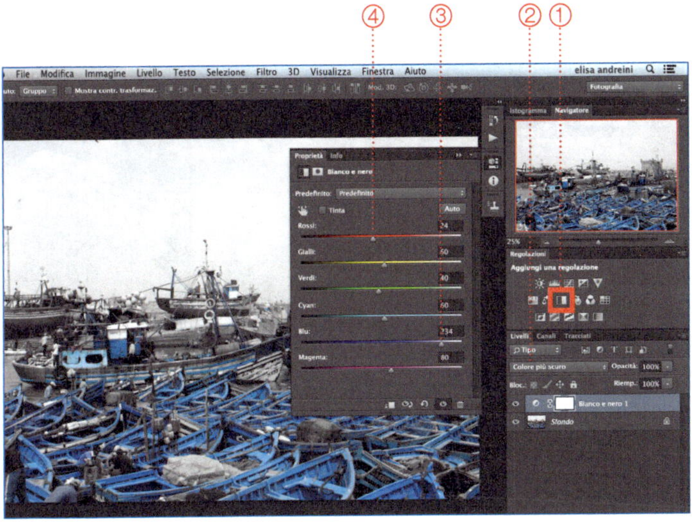

② Aprite l'elenco a discesa dei metodi di fusione nel pannello Livelli e selezionate Colore più scuro. Questo metodo di fusione confronta la luminosità dei due livelli colore per colore e rende visibile quello del livello che ha il colore più scuro. Quindi nell'immagine in bianco e nero rimangono visibili solo i colori più scuri.

③ Per convertire l'immagine in bianco e nero lasciando colorate le barche blu è sufficiente a questo punto schiarire le aree blu nel livello di regolazione Bianco e nero. Per fare questo spostate il cursore Blu verso destra nel pannello Proprietà finché non vedete emergere il colore blu del livello sottostante.

④ Se rimangono visibili altri colori indesiderati, come in questo caso il rosso, dovete invece spostare il relativo cursore colore verso sinistra nel pannello Proprietà, fino a quando non è più visibile.

Creando una maschera di livello potete limitare la presenza di colore ad aree più piccole (come in questo caso lasciando blu solo le barche in primo piano).

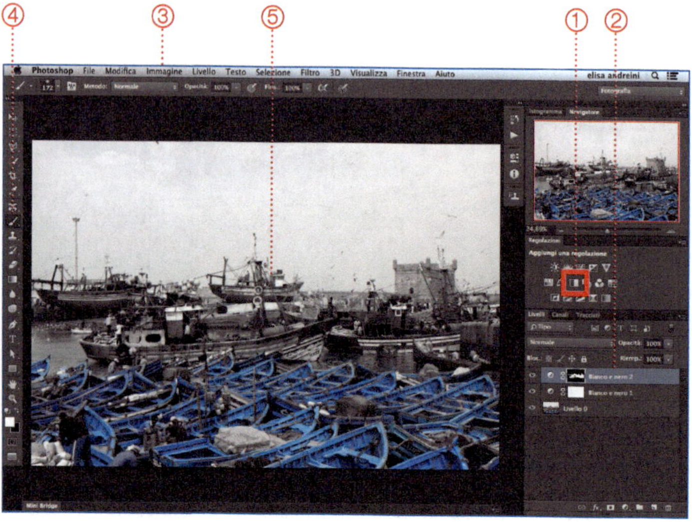

① Create un nuovo livello di regolazione **Bianco e nero** facendo clic sul relativo pulsante del pannello **Regolazioni**. Chiudete il pannello **Proprietà** facendo clic sulla doppia freccia in alto a destra, perché non avete bisogno di applicare alcuna regolazione.

② Selezionate la miniatura della maschera di livello.

③ Aprite il menu **Immagine** e selezionate **Regolazioni** > **Inverti**. La miniatura della maschera diventa così nera, indicandovi che il livello è completamente nascosto.

④ Attivate lo strumento **Pennello** e scegliete il bianco come colore di primo piano.

⑤ Passate il pennello bianco sopra le aree che volete vedere in bianco e nero e il colore viene immediatamente eliminato.

Effetto vintage

Attraverso la correzione colore si può cambiare completamente la personalità di un'immagine.

Se volete dare un tocco vintage alle vostre fotografie ci sono diversi metodi che potete seguire, lavorando sulle regolazioni o sui metodi di fusione. In questo tutorial vediamo come creare un effetto vintage in stile Instagram, la popolare applicazione per dispositivi mobili che permette di applicare particolari effetti alle immagini.

Figura 4.6 Con l'uso creativo del colore una bella immagine può acquistare un diverso sapore.

① Aprite la foto e create un nuovo livello di riempimento facendo clic sulla quarto pulsante in basso nel pannello Livelli e selezionando Tinta unita dal menu a comparsa. Nella finestra di dialogo selezionate un blu intenso, digitando nei campi RGB i valori 0-70-155, quindi fate clic su OK.

② Nell'elenco a discesa dei metodi di fusione nel pannello Livelli selezionate Esclusione e portate il cursore Opacità del livello al 50% circa.

② ①

L'immagine adesso è già cambiata molto da quella originale, ma risulta tutto troppo blu. Creando un nuovo livello rosa il bilanciamento diventerà più naturale.

② ①

① Create un nuovo livello di riempimento, ma questa volta selezionate nella finestra di dialogo un colore rosa carne (RGB all'incirca su 255-215-190) e fate clic su OK.

② Cambiate il metodo di fusione in Sovrapponi e portate Opacità al 30% circa.

A questo punto l'immagine è un po' troppo spenta e i colori desaturati. Vediamo come contrastarla.

① Per dare contrasto duplicate il livello Sfondo scegliendo Duplica livello nel menu del pannello Livelli. Trascinate il nuovo livello sopra gli altri nella pila del pannello.

② Impostate Luce intensa come metodo di fusione e abbassate l'Opacità al 30%.

③ Per completare l'effetto vintage applicate una vignettatura ai bordi dell'immagine. Selezionate il livello appena creato. Dalla barra dei menu fate clic su Filtro > Correzione obiettivo. Nella finestra di dialogo aprite la scheda Personale e nella sezione Vignettatura portate il cursore Fattore a –100 e fate clic su OK (come potete vedere nell'immagine seguente).

Figura 4.7 La finestra Correzione obiettivo.

CAPITOLO 5

Ritoccare i ritratti

- Tutti al trucco
- Pelle levigata
- Sorriso smagliante
- Sguardo luminoso
- Curve perfette

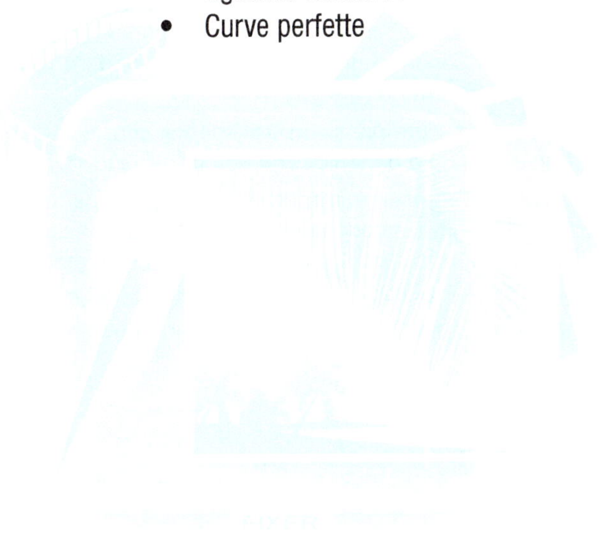

La fotografia ha il potere di fermare il flusso temporale e di fissare per sempre un attimo in un'immagine. In questo modo cattura l'attenzione dello sguardo su particolari e dettagli che nella realtà non noteremmo. È per questo motivo che quando guardiamo una foto che ci ritrae spesso ci spaventiamo per le strane espressioni o per i tanti piccoli difetti che vediamo sul nostro volto. Sono gli stessi che vediamo allo specchio ma in foto sembrano molto più grandi! Per questo motivo è sempre utile imparare a correggere queste imperfezioni, possibilmente senza esagerare.

In questo capitolo vedremo come apportare alcune correzioni mirate per migliorare l'aspetto dei nostri ritratti.

Per semplificare la spiegazione, le tecniche proposte sono state suddivise in diversi tutorial, ognuno dei quali focalizzato su un aspetto specifico, come pelle, occhi e silhouette.

Ricordate sempre che quando ritoccate il volto di un individuo cambiate dei particolari che definiscono la personalità del soggetto. Quanto più li modificate tanto più cambierete l'aspetto originale.

Eliminando i difetti, il rischio è che l'espressione non risulti più spontanea o addirittura che il soggetto non si riconosca più nel risultato finale. Quindi procedete per gradi e lavorate sempre su un livello separato, in modo da poter rivedere le modifiche in qualsiasi momento.

Se volete essere più sicuri dell'esito vi consiglio di far vedere la foto elaborata a un amico che non ha seguito le fasi di ritocco.

Un'occhiata fresca e immediata può notare particolari che a voi sono sfuggiti o riconoscere una lavorazione eccessiva, mentre il vostro occhio stanco e abituato non è più in grado di rilevarli.

È un po' come rileggere un tema a scuola: tralasciare un'acca è tanto facile quanto creare dei mostri in Photoshop!

Tutti al trucco

Le truccatrici professioniste ci insegnano che il make-up perfetto si ottiene partendo da ciò che non si vede, cioè da una base neutra che uniforma la pelle, copre le occhiaie e attenua i rossori. È impressionante vedere come una semplice applicazione di correttore e fondotinta fatta con mestiere migliori la freschezza di un viso. Il principio è lo stesso anche in post-produzione. Attenuare i colori e le ombre sul volto ha un effetto immediato, senza stravolgere la fisionomia del volto.

Cominciamo con l'individuare gli elementi da correggere con questa tecnica: le occhiaie, che sono la parte leggermente più scura e bluastra sotto gli occhi, i rossori dovuti a irritazioni o pelle sensibile e le ombre create da borse o rughe.

Per correggerli useremo i metodi di fusione dello strumento Pennello.

① Fate una selezione approssimativa attorno al volto con lo strumento Lazo.

② Fate clic su Livello > Nuovo > Crea livello copiato nella barra dei menu. In questo modo avrete un livello separato che contiene solo il volto per lavorare in maniera non distruttiva. Rinominate il nuovo livello volto nel pannello Livelli.

③ Scegliete lo strumento Contagocce e campionate un'area del volto con una colorazione neutra, come per esempio il centro della fronte.

④ Selezionate lo strumento Pennello.

⑤ Nel menu Metodo nella barra delle opzioni selezionate Colore e portate il cursore Opacità al 15%. È importante usare un pennello morbido con una opacità bassa e passare diverse pennellate per ottenere un risultato naturale.

⑥ Nella barra delle opzioni impostate Durezza a 0% per rendere le pennellate molto morbide, e spostate il cursore Dimensione in modo che il pennello abbia la stessa proporzione con il volto che nella realtà ha un vero pennello da make-up.

⑦ Passate il pennello sulle aree che presentano discromie, come il naso o le occhiaie. Il pennello trasforma il colore della pelle nel colore che avete scelto con il contagocce. Continuate a passare il pennello fino a raggiungere il risultato desiderato.

La stessa tecnica può essere utilizzata anche per ammorbidire le ombre e rendere meno evidenti rughe e borse. Con lo strumento Pennello attivo, cambiate il Metodo in Schiarisci e riducete la dimensione del pennello in modo che abbia la stessa larghezza delle ombre che volete ritoccare.

Passate il pennello sulle ombre per attenuarle, come per esempio sulle occhiaie e sugli angoli del naso. Variate la dimensione del pennello per assecondare la forma delle ombre. Questa tecnica va benissimo anche per ammorbidire l'ombra delle rughe, che risultano meno evidenti.

Figura 5.1 L'applicazione del pennello Schiarisci riduce la visibilità delle rughe.

Figura 5.2 Senza stravolgere la fisionomia del volto sono stati attenuati i difetti.

Pelle levigata

Se guardiamo le nostre foto forse una delle prime cose che vorremo correggere è la pelle. Piccole o piccolissime imperfezioni come brufoli e rughe sembrano veramente impietosi in fotografia. Se si vuole dare all'immagine un aspetto più professionale, una delle prime cose da sistemare è proprio la pelle, che deve essere uniformata. Questo non vuol dire che tutti i ritratti hanno bisogno di essere ritoccati! Nella maggior parte dei casi è sufficiente attenuare i difetti per renderli meno evidenti, anche perché più un volto è levigato tanto meno è espressivo e realistico. In questo tutorial vediamo come creare una pelle perfetta procedendo per gradi.

Il primo passo è quello di ammorbidire i colori e le ombre del volto, come spiegato nel paragrafo precedente. Adesso andiamo a eliminare tutte le imperfezioni.

① Create un nuovo livello facendo clic sul pulsante **Crea un nuovo livello** nel pannello **Livelli** e rinominatelo **imperfezioni**. In questo modo tutte le modifiche vengono salvate su questo nuovo livello e lo sfondo rimane intatto.

② Per eliminare i piccoli difetti della pelle, come brufoli, nei, pori dilatati e rughe, attivate lo strumento Pennello correttivo al volo. Nella barra delle opzioni impostate la dimensione minima in grado di contenere le imperfezioni, selezionate le opzioni In base al contenuto e Campiona tutti i livelli. Ripetete l'operazione su tutte le imperfezioni facendo dei clic veloci e leggeri.

Per coprire aree più complesse, come in questo caso i capelli davanti al volto, selezionate lo strumento Pennello correttivo, che si trova sotto Pennello correttivo al volo.

Questo strumento garantisce una maggiore precisione perché vi consente di campionare l'area adiacente al capello.

Controllate che nella barra delle opzioni sia selezionata nel menu Campiona la voce Tutti. Premete Opt (OS X) o Ctrl (Windows) per campionare vicino al capello con le luci più simili, quindi passate il pennello sul difetto per copiarvi i pixel dell'area sorgente.

Se anche questo strumento non risulta abbastanza preciso per via dei meccanismi di fusione automatica, attivate lo strumento Timbro. La tecnica di utilizzo è la stessa del Pennello correttivo.

Eliminate tutte le imperfezioni, vediamo come rendere la pelle perfettamente levigata. Innanzitutto dobbiamo creare un nuovo livello che contenga sia lo sfondo sia le correzioni.

Fate clic su Seleziona > Tutto nella barra dei menu. Quindi sempre nella barra dei menu selezionate Modifica > Copia elementi uniti e completate l'operazione selezionando Modifica > Incolla. Rinominate il livello sfocatura.

Aprite il menu Filtro e selezionate Sfocatura > Sfocatura superficie. Nella finestra di dialogo definite il Raggio e la Soglia in modo che scompaiano tutte le imperfezioni e fate clic su OK.

Figura 5.3 Con l'applicazione del filtro la pelle risulta liscia come quella di una bambola.

A questo punto dobbiamo mascherare il livello, in modo da rendere l'effetto più naturale.

① Dal menu Selezione scegliete il comando Intervallo colori. Nella finestra di dialogo aprite il menu Seleziona e fate clic sulla voce Incarnato. Attivate l'opzione Rileva volti, muovete il cursore Tolleranza per aumentare o diminuire la quantità di dettagli inclusi nella selezione e premete Invio.

② Con la selezione attiva attivate una maschera sul livello facendo clic sull'icona Aggiunge una maschera di livello. In questo modo mascherate automaticamente tutti gli elementi nella fotografia tranne quelli con il colore della pelle, applicando la sfocatura solo a questa.

③ Abbassate l'Opacità del livello al 70% per recuperare in parte la texture originale della pelle.

④ Attivate lo strumento Pennello per rifinire eventuali aree in eccesso che non sono state nascoste nella maschera, come i capelli, cambiando la dimensione del pennello in base alla correzione.

Figura 5.4 La pelle risulta perfettamente levigata.

> **NOTA** Se doveste fare un errore mentre passate i pennelli niente paura! Visto che state lavorando su livelli separati potete cancellare le aree in eccesso semplicemente utilizzando lo strumento **Gomma**. Selezionatelo dalla barra degli strumenti, passate il pennello sulle aree dove avete sbagliato e ripetete la correzione.

Sorriso smagliante

Occhi e bocca sono i particolari che più attirano l'attenzione in un ritratto, ed è quindi importante valorizzarli rispetto al resto dell'immagine. Per ottenere questo risultato si aumenta il contrasto dei dettagli e se ne esaltano i colori. Vediamo come rendere il sorriso più smagliante con delle regolazioni mirate.

① Per rendere il sorriso più bianco selezionate i denti con lo strumento Selezione rapida.

② Create un nuovo livello di regolazione facendo clic sull'icona Tonalità/saturazione nel pannello Regolazioni. Rinominate il nuovo livello denti.

③ Nel pannello Proprietà selezionate Gialli dal menu a comparsa. Muovete a sinistra il cursore Saturazione e verso destra il cursore Luminosità. L'effetto finale dipende naturalmente dai colori originali del sorriso. Spostate questi due cursori in modo da ottenere una dentatura smagliante, ma ricordate che i denti troppo bianchi sembrano finti.

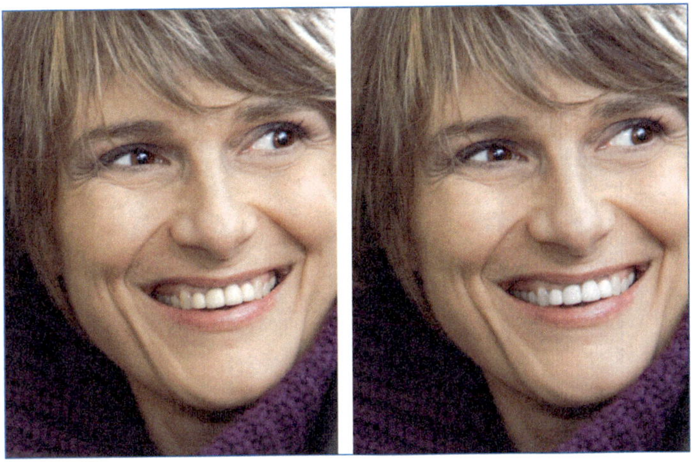

Figura 5.5 Schiarendo i toni gialli il sorriso risulta più smagliante.

Sguardo luminoso

Si dice che gli occhi siano lo specchio dell'anima. In effetti gli occhi comunicano gli stati d'animo e le emozioni, quindi sono forse la parte più importante di un ritratto perché quando fotografiamo una persona vogliamo comunicare la sua personalità.

In questo tutorial vedremo come illuminare gli occhi per esaltarne l'espressività.

Selezionate l'area degli occhi con lo strumento **Lazo**, attivandolo dalla barra degli strumenti. Selezionate prima un occhio poi premendo il tasto Maiusc selezionate anche l'altro. Non vi preoccupate di essere precisi: la selezione serve solo a creare un nuovo livello separato su cui lavorare.

Fate clic su **Livello** > **Nuovo** > **Crea livello copiato** nella barra dei menu. In questo modo avrete un livello separato che contiene solo gli occhi per lavorare in maniera non distruttiva. Rinominate il nuovo livello **occhi** nel pannello **Livelli**.

① Date contrasto agli occhi per farli risaltare di più all'interno dell'immagine. Selezionate lo strumento **Nitidezza** e nella barra delle opzioni impostate una **Intensità** del **30%**. Passate il pennello sulle ciglia e sull'iride, esaltando i dettagli senza far venir fuori altri difetti, come per esempio i capillari.

② Per dare brillantezza allo sguardo schiarite il bulbo. Attivate lo strumento Scherma dal pannello degli strumenti. Nella barra delle opzioni impostate un pennello sottile, selezionate Mezzitoni dal menu Intervallo e controllate che l'opzione Esposizione non sia troppo alta, un 15% è più che sufficiente. Passate il pennello sul bulbo per renderlo più bianco.

③ Per rendere più intenso il colore dell'iride selezionate lo strumento Spugna. Nella barra delle opzioni scegliete Satura nel menu Metodo, impostate il cursore Flus. al 30% circa e attivate l'opzione Vividezza. Passate il pennello sull'iride facendo attenzione.

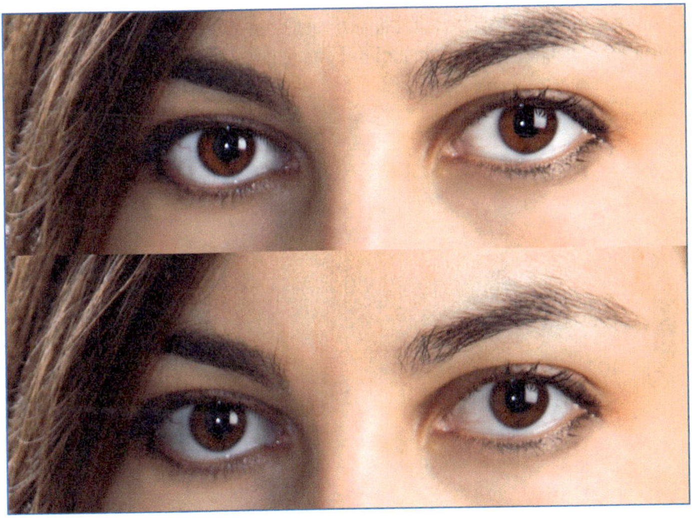

Figura 5.6 Gli occhi più luminosi.

Correggere gli occhi rossi

Capita spesso che il soggetto di una fotografia abbia gli occhi rossi. Questo avviene perché la luce del flash che entra attraverso la pupilla viene riflessa dalla retina verso l'obiettivo, e la luce riflessa è rossa a causa della fitta rete di capillari che irrorano la retina.

Per ridurre questo effetto molti flash hanno una modalità di riduzione dell'effetto occhi rossi, che invia una serie di brevi impulsi luminosi prima dello scatto per provocare la parziale contrazione della pupilla prima del lampo principale. Nel caso in cui la vostra fotocamera non sia riuscita a prevenire questo problema potete usare lo strumento **Occhi rossi** per correggerlo velocemente.

Lo strumento **Occhi rossi** si trova nel pannello **Strumenti**, sotto **Pennello correttivo al volo**. Fate clic sulla pupilla rossa e il programma scurirà automaticamente l'area rossa. Se non siete soddisfatti del risultato selezionate **Modifica** > **Annulla Strumento Occhi rossi** (oppure premete Cmd+Z su Mac o Ctrl+Z in Windows) per annullare l'operazione, modificate le opzioni e ripetete l'operazione. Nella barra delle opzioni trovate **Dimensione pupilla**, che cambia la dimensione dell'area su cui agisce lo strumento occhi rossi, e **Scurisci del** che scurisce il colore.

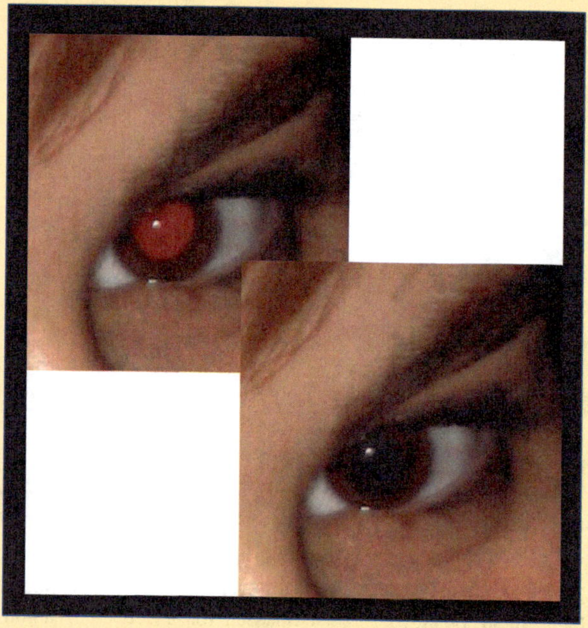

Figura 5.7 La pupilla rossa viene scurita automaticamente dal programma.

Curve perfette

Quante volte avete visto sulle riviste ragazze dal corpo perfetto, magre, snelle, con tutte le curve al posto giusto? Certo, si parla di ragazze bellissime, ma la perfezione non è di questo mondo, bensì di quello di Photoshop.

Con il filtro Fluidifica è possibile deformare, restringere o gonfiare un'area dell'immagine. Grazie a questo strumento si può letteralmente rimodellare e scolpire un corpo, eliminando piccoli inestetismi e valorizzando le curve, fino a ottenere una silhouette perfetta.

Figura 5.8 Attraverso Fluidifica è possibile rendere perfetto un corpo.

In questo caso, per esempio, possiamo eliminare la "ciccetta" sopra il gluteo, rimodellare pancia e costole per rendere il profilo più armonioso nonché aumentare il seno di un paio di taglie.

Duplicate il livello Sfondo e selezionate Filtro > Fluidifica per aprire la finestra di dialogo e iniziare a rimodellare il corpo.

① Selezionate lo strumento Altera avanti, che vi permette di "spingere" in avanti i pixel mentre trascinate il mouse.

② Impostate la Dimensione pennello in modo che contenga completamente il difetto. Per ottenere un effetto naturale scegliete sempre il pennello più grande possibile e trascinate lentamente il cursore fino a ottenere il risultato desiderato.

③ Posizionate il pennello al centro del difetto, fate clic e trascinate verso l'interno. Il programma spinge in avanti i pixel, facendo scomparire la ciccia.

④ La stessa tecnica può essere usata per rendere il ventre perfettamente piatto e le costole meno sporgenti. Aumentate la dimensione del pennello e con piccoli clic trascinate verso l'interno ventre e costole.

Dopo aver ridotto il volume delle aree in eccesso, procediamo aumentando il volume del seno.

① Selezionate lo strumento Gonfiamento, che agisce allontanando i pixel dal centro dell'area del pennello.

② Impostate un pennello di dimensione sufficiente a contenere il seno.

③ Posizionate il pennello sul seno, in modo che risulti al centro. Fate clic per aumentare il volume. Per ottenere un effetto più naturale fate una serie di clic veloci fino a ottenere il risultato desiderato.

④ Nel caso vi accorgeste di aver commesso degli errori niente paura: lo strumento Ricostruisci ripristinerà la situazione precedente nelle aree su cui passate il pennello.